Rüdiger Opelt

10.000 BC

Die Menschheitsgeschichte: älter, länger, anders

Salzburg/Lambach 2020

Das Jahr 1 unserer Zeitrechnung wurde von einem Mönch festgesetzt und vom europäischen Patriarchat weltweit mit Gewalt durchgesetzt. Mit Christus hat das Jahr nichts zu tun, er wurde 4 v. Chr. geboren.

Da das Jahr 1 in allen Büchern der Bezugspunkt ist, kann es das ja bleiben. Im Jahr 1 beginnt unsere europäische Zeitrechnung. Es ist einfach die Eichung unserer weltweiten Standardzeit, mathematisch genauso logisch wie alle anderen Zeitrechnungen.

Ich schreib daher Jahre vZ oder nZ

Jahresangabe vZ = Jahr vor unserer Zeitrechnung

Jahresangabe nZ = Jahr nach unserer Zeitrechnung

Die Menschheit besteht aus Frauen und Männern und einer breiten Varietät dazwischen. Die männlichen und weiblichen Sprachformen werden alternierend gebraucht, gemeint sind immer alle drei Geschlechter (m, f, x)

Literaturhinweise zeige ich an, indem ich das Erscheinungsjahr in Klammer hinter den Namen des Autors setze.

Gewidmet

den Weisen von Atlantis

die vor dem Frevel gewarnt

das alte Wissen bewahrt

durch viele Leben getragen

bis die Zeit reif war

für einen besseren Versuch

vielleicht

gehörst du dazu

und die Deinen um dich herum

Wer kann es wissen?

Impressum:

Dr. Rüdiger Opelt, Georg-Rendl-Weg 46, 5111 Bürmoos ,

Saw Partners	**sawedition@gmail.com**
www.opelt.com	r@opelt.com,
	m.opelt@eduhi.at

SAW Partner is an association to support the SAW goals

ISBN: 978-3-948811-18-1

Satz:	Michael Opelt /Schörfling/**Saw** partner
Lektorat:	Maximilian Rennmayr/Linz/ **Saw** partner
Cover:	Monika Steiner/Lambach/Austria

Book by S.A.W. Edition; **sawedition@gmail.com**

Dieses Buch ist erhältlich **beim Verlag**, **beim Autor oder bei amazon.   Auch als ebook** verfügbar.

www.opelt.com,   r@opelt.com   www.amazon.de

Salzburg/Lambach 2020

Inhaltsverzeichnis

Was geschah 10.000 Jahre vor unserer Zeit?

2008 brachte Roland Emmerich den Film „10.000 BC" in die Kinos, einen Publikumserfolg, der von der Wissenschaft gnadenlos verrissen wurde, weil auf den ersten Blick historisch so gar nichts zusammenpasste. Die Pyramiden von Gizeh, Mammutjäger des eisigen Nordens, Mammute als Zugtiere in der Wüste, ausgestorbene Raubvögel aus Südamerika – das ist so unsinnig, dass es einem Wissenschaftler die Haare aufstellt. Warum tut einer der erfolgreichsten Tycoons Hollywoods sowas? Hat er das nötig?

Doch Emmerich ist kein Wissenschaftler, sondern ein Erzähler. Er versucht, die Welt der Steinzeit in Bilder zu fassen und komprimiert dabei alle diesbezüglichen Vorstellungen in ein einziges Narrativ. Die Wirklichkeit war wohl komplizierter und weniger märchenhaft als Emmerichs Hollywood-Fantasie. Immerhin hat er Millionen Menschen dazu gebracht, sich mit dieser Schlüsselzeit der Geschichte auseinanderzusetzen. Ob begeistert oder entsetzt, jeder Filmfan hat jetzt eine Meinung zur Urgeschichte, die Otto Normalbürger in der Regel herzlich egal ist.

10.000 BC wäre nicht so ein Kassenerfolg geworden (er spielte immerhin 270 Mill Dollar ein, das ist das einzige, was für Produzenten zählt), wenn Emmerich dabei nicht einen Nerv getroffen hätte, mit feinem Gespür, dass da etwas in der Luft liegt, was alle interessiert. Alle würden wir gerne wissen, wo wir herkommen und wie wir die geworden sind, die wir heute sind. Die trockenen Fakten der Historiker erfüllen dieses Bedürfnis schon lange nicht mehr und locken niemand mehr in verstaubte Bibliotheken. Wir wollen Erklärungen und die Wissenschaft verweigert hartnäckig, welche zu liefern. Interpretationen der Geschichte sind seit langem tabu, als hätten sich alle daran die Finger verbrannt, die es jemals versuchten. Fakten, Daten, gefundene Artefakte, das ist alles was zählt, alles andere ist unwissenschaftlich.

So überlassen die Universitäten die Narrative der Geschichtserklärung den fantasiebegabten Geistern, die für jede ihrer Ideen gegeißelt werden, als wären sie Ketzer, die der Bibel abschwören. Die einen reden von Außerirdischen, die anderen von Atlantis, wieder andere von esoterischen Avataren, die in unsere Geschicke eingreifen. Alles mittelalterliche Vorstellungen, über die Wissenschaftler meilenweit erhaben sind.

In einem sind sich Wissenschaft und Esoterik aber einig, wenn auch aus verschiedenen Gründen: 10.000 BC war eine Schlüsselzeit, über die wir bereits sehr viel wissen:

10.000 BC waren Nordeuropa und Nordamerika von riesigen Eisschilden bedeckt, der Meeresspiegel lag 120 m tiefer als heute. Die Kontinente waren größer, da riesige Schelfgebiete später im Meer versanken. Heute kennen wir die fruchtbaren Flussgebiete des Amazonas, des Mississippi, des Nils, des Euphrat, des Indus, der Donau und des Huang Ho, dort gab es Wild und Nahrung, dort entstanden die ersten Zivilisationen. Damals gab es noch einiges mehr, das wir längst vergessen haben: In der Karibik, in der Adria, im Persischen Golf, in Südostasien und in Ostasien versanken riesige Küstengebiete im Meer, weil dieses von 10.000 BC bis 5500 BC sich um 120 Meter hob. Die Menschheit erlebte damals jene Flutkatastrophe, vor der wir uns heute so fürchten, und auch damals war das Klima schuld.

Flutkatastrophe? Da treten sofort die Kreationisten auf den Plan und sehen darin den Plan Gottes. Das war doch die Sintflut, die steht schon in der Bibel. Und nicht nur dort, Sintflutlegenden gibt es bei allen Völkern der Erde.

Ob der liebende barmherzige Gott die Menschheit und alle Tiere seiner Schöpfung ersäufen wollte, sei dahingestellt, das ist zunächst mal eine unzulässige Interpretation. Wir haben heute aber - im Gegensatz zu den Verfassern der Bibel – exakte paläoklimatische Daten, gewonnen aus Eis- und Sedimentbohrkernen. Wir wissen ziemlich genau über den Verlauf der Küstenlinien Bescheid, die sich 4500 Jahre lang ständig zurückzogen. Wir wissen auch von schrecklichen Vulkanausbrüchen und Tsunamis, die den Urmenschen wohl tatsächlich als Strafgericht der Götter erschienen sein mussten. Ja sogar die raschen Veränderungen des Klimas, der Vegetation, der Meeres- und Windströme sind uns bekannt. Alle Fakten deuten darauf hin, dass die Menschheit von 10.000 bis 5000 BC eine harte Zeit durchmachte, die sie nur mittels Getreideanbaus überlebte, der seit damals unser neuer Standard ist.

Könnte es sein, dass die Schockerlebnisse von damals noch heute durch unsere Mythen geistern, unser Verhalten und unsere Ängste erklären? Könnte es sein, dass die Mythen von Sintflut, Atlantis und überlegenen Zivilisationsgründern einen historischen Kern haben, so wie es vom Trojanischen Krieg, der Atridensage und dem Nibelungenlied längst bewiesen ist, seit ein übermütiger Kaufmann Troja und Mykene einfach ausgegraben hat und Sprachwissenschaftler die Fakten der

Völkerwanderung aus den Deutschen Heldensagen herausgefiltert haben?

Dann wäre es Zeit, für die Sesshaftwerdung der Menschheit, die 10.000 BC begann, eine ähnliche Versachlichung nachzuholen, wie sie für die indogermanische und die germanische Völkerwanderung bereits vorhanden ist (Die Zeitenwenden von 1200 vZ und 400 nZ sind der Mythen entkleidet zu historischen Tatsachen geworden, wobei Mythen und Archäologie gemeinsam zur Theoriebildung beitrugen).

Ist es nicht an der Zeit, auch die Zeitenwende von 10.000 BC ins Licht der Fakten zu heben, indem wir auch hier den wahren Kern der Mythen mit den wissenschaftlichen Fakten verbinden?

Ich denke, es ist an der Zeit. Wenn wir das Drama von 10.000 BC nicht richtig verstehen, wird uns das bevorstehende Drama von 2050 nZ überrollen wie ein Tsunami, den keiner kommen sah.

I. Welche Geschichte sollen wir glauben?

Wars´s das? Geschichtswissenschaft und die Frage nach dem Ursprung

Seit ich denken und lesen kann, versuche ich herauszufinden, wo wir herkommen und wie wir die Menschen geworden sind, die wir heute sind. So wie viele bin ich der Meinung, dass wir uns selbst, unsere Fehler und Stärken, unsere Gesellschaft und Organisation nur verstehen und verbessern können, wenn wir den Weg kennen, der uns bis hierher gebracht hat. Warum sind wir Menschen so grausam und so liebesbedürftig, so klug und so verblendet, so wissend und so wenig weise? Warum zerfleischen wir uns selbst und alle Natur um uns herum und behaupten gleichzeitig, dass wir die Krone der Schöpfung sind?

Die Geschichte der Menschheit ist voller Rätsel, die es noch zu lösen gilt.

Meine Suche begann, als ich 5 Jahre alt war und meine Mutter nach einem schweren Autounfall krank zu Hause lag und nicht gestört werden durfte, da ihre Nerven noch blank lagen. Ich entdeckte ein Buch mit vielen bunten Bildern drin, schlug eine Seite auf und fragte, was das sei. Da blühte sie auf und erzählte mir tolle Geschichten über Alexander den Großen, Caesar, Cortez, Pizarro und andere tapfere Männer, über Heldentaten und große Reiche, über Herrscher, Kaiser und Könige. Ich hatte Mutters Geschichtsatlas und damit ihr liebstes Hobby entdeckt und die vielen darin gespeicherten Geschichten ließen sie ihre Schmerzen vergessen.

Als ich lesen konnte, pilgerte ich jede Woche in die Städtische Leihbibliothek und las alle historischen Romane und Berichte, die es dort gab, mit Wohlgefallen angeleitet von einer Bibliothekarin, die sich über einen wissbegierigen Jungen sichtlich freute. Stefan Zweigs Maria Stuart rührte mich zu Tränen, sein Buch über Napoleons Vollstrecker Fouche zeigte mir die Abgründe der politischen Intrigen. Königin Hatschepsuts Reise nach Punt, Sinuhes Erlebnisse als Einbalsamierer und ägyptischer Arzt, der Türkensturm auf Wien, die Eroberung der Neuen Welt – es war eine endlose Schatzkiste aus lauter Abenteuern.

Im Gymnasium diskutierte ich im Geschichtsunterricht mit meiner Professorin über die Hintergründe all dieser Entwicklungen, außer vielen neuen Details kamen aber keine Antworten. Geschichte ist, wie sie ist, da gab es keine Gesetzmäßigkeiten, sondern nur viele Dokumente und Archive, in denen man das Bekannte immer noch genauer nachlesen konnte.

Das erschien mir verstaubt und lebensfremd, so studierte ich lieber Psychologie, um auf eine Antwort über unser Wesen zu kommen. Damals, ab 1973, wurde die Uni von linken Studenten dominiert, die vom dialektischen Materialismus und den gesellschaftlichen Verhältnissen schwärmten, was die Professoren vehement ins Reich der Unwissenschaftlichkeit verwiesen, ebenso wie die vielen philosophischen Theorien über die Seele des Menschen.

Gab es also keine wissenschaftliche Erklärung für all die Kriege, die Gewalt, die Eroberungen, die Sklaverei, die Unterdrückung der Frauen und Kinder, die Ausbeutung der Massen? Alles nur Zufall? – das mochte ich nicht glauben.

Wie lassen sich das Wissen um unsere Geschichte, das Wesen von uns Menschen und der Zustand unserer Gesellschaft so miteinander verbinden, dass wir daraus Erklärungen und Konsequenzen für unsere Zukunft ableiten können? Wer die Geschichte nicht kennt, muss sie wiederholen – diese Regel schien weit verbreitet und brauchbar. Was müssen wir kennen, um nicht wieder und wieder dieselben Fehler zu machen, die inzwischen unsere Existenz gefährden?

In diesem Buch möchte ich Ihnen ein Verständnis von Geschichte zeigen, das sich nach 60-jährigem Nachdenken für mich als brauchbar erwiesen hat. Trockenes Bibliothekswissen hilft uns nicht weiter, ignorantes ahistorisches Agieren aber auch nicht. Die vielen Epochen und Kulturen der Menschheitsgeschichte sind ein riesiges Arsenal an Gesellschaftsmodellen, voller guter und schlechter Erfahrungen, voller Erfolgs- und Misserfolgsnarrative. Wenn wir die eurozentrische Überheblichkeit hinter uns lassen, gibt es viel mehr zu entdecken, als an unseren Universitäten gelehrt wird. Es reicht nicht, alle Schlachten der Antike aufzählen zu können und sich über alle verschwundenen Kulturen überlegen zu fühlen. Die Menschheitsgeschichte ist ein riesiger lebendiger Organismus, der sich täglich weiterentwickelt und den wir zum Guten beeinflussen können, wenn wir ihn richtig verstehen.

Leider verstehen die meisten Entscheidungsträger die Vergangenheit falsch, eingeschränkt durch ideologische Brillen und dogmatische Scheingewissheiten. Viele Fans der Geschichte sind verliebt in die Mechanismen der Macht, bewundern starke Herrscher und brutale Schlachtenlenker. So wird Geschichte auch unterrichtet.

Prinz Eugenius von Savoyen, der Sieger über die Türken, ist Österreichs nationale Größe, obwohl er eigentlich Franzose war und ein korrupter Selbstbereicherer noch dazu. Seine vielen Schlösser müssten jeden Milliardär der Jetztzeit vor Neid erblassen lassen. Krieg und Korruption – sind das die Modelle, denen wir nacheifern sollen?

War´s das? Müssen wir uns für alle Zeit mit Krieg, Tod und Bereicherung abfinden, weil das die Themen sind, die unsere Geschichte erzählt? So scheint es.

Doch die Geschichte von Reichtum, Macht und Gewalt ist in einer Sackgasse angelangt und hilft uns nicht weiter. In Wirklichkeit hat die Menschheit viel mehr zu erzählen, als die Hagiographien der Mächtigen vermuten lassen.

Begleiten Sie mich auf einer spannenden Reise, die viel über die Menschheit erzählt, über unsere Motive und Wahrheiten, über Klugheit und Dummheit, über Liebe und Hass. Auf dass wir wählen können, was davon in die Zukunft führt und was uns an eine überholte, vergiftete Vergangenheit fesselt.

Geschichtsinterpretation ist nicht von Ideologie zu trennen

Die radikalen linken Studenten der 1970er Jahre machten mir eher Angst, als mich zu begeistern. Ihr blinder Glaube an Karl Marx, an den Kommunismus und die Sowjetunion wollte mir nicht einleuchten, und dass alles nur Klassenkampf sei, widersprach meinem historischen Wissen. Immerhin hatten die

Linken aber für alles, was die Historiker schrieben, eine ganz andere Erklärung als die Professoren. Die Geschichte unserer Nationen sieht offensichtlich anders aus, wenn man sie von oben aus Sicht der Adligen, oder von unten aus Sicht der Ausgebeuteten betrachtet. Hinter jedem geschichtlichen Narrativ kann man zwischen den Zeilen die Ideologie herauslesen, die der Erzähler sich und uns beweisen will: Könige sind gut, Kämpfer sind Helden, Sklaven werden unterdrückt, Frauen werden ausgegrenzt, Besiegte werden ermordet – die Erzählung der Menschheit zerfällt in viele Erzählungen, die alle für sich gesehen wahr sind, als verabsolutierte Wahrheit aber falsch.

Warum müssen Länder erobert werden? Warum waren Frauen nichts wert? Warum gab es bis 1781 Leibeigene in Österreich-Ungarn, in anderen Ländern noch viel länger?

Globale Erklärung: Weil die Menschheit früher halt nicht so entwickelt war wie heute. Durch den Fortschritt seien alle Fehler von früher verschwunden. Der Mensch habe sich von einem primitiven Affen hin zum hochstehenden Homo sapiens entwickelt. Früher wussten es die Menschen nicht besser, weil sie unkultiviert waren.

Dieses Geschichtsverständnis akzeptiert man, bis man merkt, dass da vieles nicht zusammenpasst. Die griechischen Philosophen wussten vieles, was im Mittelalter wieder verloren ging. Die Pyramiden der Ägypter halten ewig, während alle späteren Bauten längst wieder eingestürzt sind. Von wegen linearem Fortschritt.

Und dann der ewige Streit zwischen den Universitätsprofessoren und den unwissenschaftlichen Geschichtsfans. Geschichte ist, was an den Universitäten gelehrt wird, und damit basta. Wenn jemand sich für Präastronautik al la Däniken interessiert, bitte schön, aber nicht in einer Vorlesung. Wer an Atlantis glaubt, glaubt auch an Märchen. Lemuria mitten im Pazifik, das kostet die Gelehrten nur ein schallendes Gelächter. Wer zu Medien a la Edgar Cayce pilgert, kann auch gleich die Geheimlehre der Madame Blavatsky studieren oder die 5 Sintfluten der Hopis, in denen nach und nach 5 Menschheiten versunken sind.

Natürlich passen diese 2 Welten der offiziellen und der inoffiziellen Geschichte so gar nicht zusammen. Sie zeigen aber folgendes: es gibt mehr Geschichtsfans als Geschichtsstudenten. Historische Literatur aller Couleurs wird fleißig gelesen. Allerdings erzielen Nostradamus und Zecharia Sitchin größere Auflagen als Mommsen und Ranke-Graves. Sie sind einfach spannender zu lesen und liefern interessantere Antworten, mögen die auch noch so falsch sein.

Auch die Sagen von den Nibelungen und von Dietrich von Bern begeistern Generationen von Lesern, obwohl jeder weiß, dass sie erfunden sind. Obwohl – Volkssagen und Legenden enthalten immer einen wahren Kern, um den im Mittelalter die Geschichten gesponnen wurden. Attila und Theoderich gab es tatsächlich und die Burgunder wurden tatsächlich in Worms von den Hunnen niedergemetzelt. Inzwischen können die Forscher die historischen und die mythologischen Schichten der Sagen gut voneinander trennen.

Auf der anderen Seite werden die modernen Mythen vom edlen Friedrich dem Großen und vom Reichsgründer Bismarck von Historikern genüsslich zerpflückt. Die meisten Geschichtsbücher der letzten 200 Jahre sind ebenfalls Mythen, ideologisch für die jeweilige Zeit geschrieben. Die Ullstein-Weltgeschichte meines

Großvaters aus dem Jahre 1910 kann man heute nicht mehr lesen, ohne so ziemlich alles, was drinsteht, kritisch zu hinterfragen. Vieles, was wir im Geschichtsunterricht gehört haben, enthält ganz andere Wahrheiten als die, die uns vor 50 Jahren die Professoren verschwiegen haben.

Gibt es eine objektive Wissenschaft, wie meine Professoren glaubten, oder ist Wissen immer auch subjektiv interpretiert?

Es gibt keine „objektive" historische Wahrheit

Vor Jahren sah ich den Film „8 Blickwinkel" über ein Attentat, das aus der Sicht von 8 Menschen erzählt wird, die am Ort des Anschlags zugegen waren. Mit jedem neuen Protagonisten veränderte sich nicht nur der Blickwinkel, sondern auch die ganze Erzählung, obwohl immer die gleichen 15 Minuten und der gleiche Platz in der Altstadt von Salamanca gezeigt wurden. War man beim ersten Hinschauen sicher, dass es um böse Terroristen ging, sah man beim letzten Hinsehen machtgierige Verschwörer aus der hohen Politik.

Was also ist die objektive Wahrheit?

Kolumbus und die Entdecker der Neuzeit wurden von der Geschichte der Neuzeit als Verkünder von Kultur und Fortschritt gepriesen. Für die indigenen Völker Amerikas waren sie hingegen grausame Schlächter, die mordeten, raubten und alle Kultur zerstörten (Oth 1999).

Die Missionare sahen sich als Künder des Heils, das sie zu den armen Primitiven in Afrika, Asien und Amerika brachten. Für die meisten dieser Völker und Stämme bedeutete die Mission den Untergang des Stammes und seines Wissens (Opelt 2020a).

Für die Kolonialherrscher waren die Afrikaner primitive Menschenfresser, die man zivilisieren musste. Für die „Primitiven" waren die Weißen Despoten und Mörder.

In den Königslisten der antiken Reiche werden die segensreichen Taten der Herrscher erzählt, die Barbaren besiegten und zu Menschen erzogen. Für die Besiegten und Versklavten sah alles naturgemäß anders aus (Opelt 2020e).

Damit kommen wir zum kritischen Punkt: Geschichte war zuallererst geschriebene Geschichte. Die Bibel, die Hagiographien der Könige, die Dokumente der Klöster – alles was man in den Bibliotheken fand, nahm man für bare Münze. Es musste stimmen, denn sonst wäre es ja nicht aufgeschrieben worden. Fakten bedürfen der Verschriftlichung, damit sie als wissenschaftlich gelten.

Die Schrift war angeblich der mündlichen Tradition überlegen, denn was einmal aufgeschrieben war, konnte nicht mehr geändert werden. Ein Irrglaube, der unser Geschichtsbild in gefährlicher Weise verfälscht hat. Die moderne Wissenschaft hat inzwischen fast jedes zweite Schriftstück als Fälschung entlarvt, die nur geschrieben wurde, um einem Herrscher einen unlauteren Vorteil zu verschaffen. Der größte Skandal war die „Konstantinische Schenkung", die den Machtanspruch des Papstes belegen sollte und leider leider, erst 500 Jahre nach Konstantin dem Großen in einem mittelalterlichen Kloster aufgeschrieben wurde.

Im 19. Jhdt. wurden die Hagiographien der Herrscher durch Nationalmythen ersetzt. Zwar gab es immer noch Massen von

Büchern über die Habsburger, sie sollten nun aber die historischen Ansprüche Österreichs, Spaniens oder Deutschlands begründen helfen. In allen Geschichtsbüchern ging es darum, Rechte und Ansprüche der eigenen edlen Nation zu begründen und das Unrecht der anderen Nationen bloßzulegen. Aus der Lüge von Versailles machte Adolf Hitler Weltgeschichte und begründete damit den Anspruch der Deutschen auf Weltherrschaft. Das erscheint uns heute mehr als dumm, aber die Mythen des US-Imperiums sind auch nicht viel besser und forderten ähnlich viele Tote.

In Wirklichkeit sind Mythos und Wahrheit nachträglich nur schwer zu trennen. Menschen lieben Mythen, ja sie scheinen sie sogar zu brauchen. Mythen vereinen den Stamm, das Volk, die Glaubensgemeinschaft, dazu werden sie gemacht. Seit Menschen reden und singen können, erzählen die Barden und Geschichtenerzähler von den alten Zeiten, die die Welt von heute erklären, damit wir uns vor dem Morgen nicht fürchten. Unser Gehirn braucht das. Ob es stimmt, steht auf einem anderen Blatt.

Die Sicherheit der objektiven Geschichtsfakten ist trügerisch. Wer ein Ereignis nicht als Zeitzeuge erlebt hat, kann nie mit Sicherheit wissen, ob dieses Ereignis wirklich so war, wie es erzählt wird. Noch dazu haben die Menschen im Zeitalter der Ideologien den Glauben an offizielle Erklärungen völlig verloren, zu oft wurden sie umgestoßen. Hitler ist nicht mehr der große Held Germaniens, Stalin nicht mehr das gütige Väterchen Russlands, Mao nicht mehr der Ursprung allen Wissens – vielmehr sind alle drei als Massenmörder entlarvt.

Noch dazu räumen neue Naturwissenschaften mit vielen Mythen auf und beweisen, dass manches gar nicht so gewesen sein kann wie erzählt. Die Paläoklimatologie kann inzwischen genau vermessen, wann welche Eisschilde geschmolzen sind und wann der Meeresspiegel um wieviele Meter gestiegen ist. Wir kennen die Küstenlinien der letzten 12.000 Jahre bis auf einen Meter genau. Die Paläogenetik liest aus unserem Genom die Wanderungsbewegungen der Völker heraus und die Linguistik belegt anhand von Lehnwörtern, wann welche Völker miteinander Kontakt hatten. All diese Daten sind wesentlich zuverlässiger als jedes verstaubte Schriftstück.

Unser Geschichtsbild ist gerade dabei, sich radikal zu verändern. Die Quellen, aus denen wir Fakten extrahieren können, haben sich verzehnfacht, ebenso die Hilfswissenschaften, mit denen wir Spreu vom Weizen, Mythos von Wahrheit trennen können. Es ist zu erwarten, dass das bislang zersplitterte Geschichtsbild sich zu einem großen Forschungsbereich vereinen wird, in welchem Mythen zur Wahrheit werden und sichere Wahrheiten sich als Märchen herausstellen werden. Präastronautik und Atlantis sind derzeit noch Märchen, doch das muss nicht so bleiben.

Der Irrweg der Historiker

Historiker lernen, die Fakten und Daten der patriarchalischen Herrschaftsgeschichte bis ins letzte Detail zu sammeln und zu archivieren. Dies hat damit zu tun, dass Historiker seit der Antike die Aufgabe hatten, die Herrschaft der Mächtigen zu stützen, zu glorifizieren und zu rechtfertigen. Universitätsprofessoren sind nur scheinbar von dieser Aufgabe befreit, werden sie doch von staatlichen, kirchlichen und privaten Geldgebern bezahlt, die Institute gründen oder wieder schließen, Forschungsprojekte und Ausgrabungen bezahlen oder auch nicht. Am

Grundproblem, dass die Mäzene der Forschung mitbestimmen, welche Gegenstände untersucht werden und aus welchem Grund dies gefördert wird, hat sich wenig geändert. So ist etwa die Kirchengeschichte völlig überrepräsentiert und überdotiert, weil ihre Aufgabe der Stützung des Wahrheitsanspruchs der Bischöfe und Kardinäle weiterhin forciert wird, obwohl die Zahl der Gläubigen und Theologiestudenten sich in den letzten 50 Jahren drastisch dezimiert hat.

Naturgemäß hatte die Geschichte der unterdrückten Bevölkerungsschichten, der Frauen, der Farbigen, der Armen, in der Vergangenheit wenig Gewicht. Die wirklich wichtigen Fragen, auf die die Gesellschaftswissenschaft Antworten sucht, sind immer noch weitgehend tabu. So hören weibliche Historiker im Geschichtsstudium, dass man über Frauen nicht viel wisse, weil es dazu kaum Quellen gäbe und nur Männer die Quellen geschrieben hätten. Als wäre das Motto: Geschichte wird von Männern gemacht! Weibliche Geistesgrößen gab es in der Vergangenheit nur, wenn sie sich als kirchliche Dulderinnen ans System angepasst hatten wie Hildegard von Bingen oder Teresa von Avila.

Welches Gewicht haben die psychischen Folgen von Kriegstraumata, Vergewaltigungen, Vertreibungen, Pogrome in diversen Kriegen? All das kam bis vor kurzem im Geschichtsunterricht nicht vor. Meist ging es um Männer, Krönungen, Schlachten, Eroberungen, Friedensschlüsse, Investiturstreit rauf und runter, Französische Revolution, Kriege. Keine Themen sind hingegen: die Christianisierung als Entwurzelung der Naturvölker, Druiden, pagane Glaubensinhalte und verlorenes Wissen. Herrscher und Päpste dominieren das

Angebot. Die Geschichte der Frauen wird - wo immer möglich – totgeschwiegen, beschönigt, marginalisiert.

Nach wie vor ist die Zersplitterung der Fächer in Klein- und Kleinstgebiete ein massives Hindernis für innovative Theorieentwicklung. In der Universitätsstadt Salzburg z.b. gibt es jede Menge historischer Lehrstühle und Institute: für die Lebens- und Kompositionsgeschichte des W. A. Mozart, für das Lebenswerk von Stefan Zweig, für k. u. k. Geschichte, für die Geschichte der 1. Österreichischen Republik, für die Kirchengeschichte des Salzburger Bistums, für alttestamentarische Bibelforschung und für neutestamentarische Exegese. Diese Institute liefern jede Menge Material für die Salzburger Fremdenführer, die Chinesen und Japaner mit netten Geschichtchen zu alten Gemäuern erfreuen. Produziert werden immer genauere Kleindetails zu Altbekanntem, die keinen Studenten mehr in die Geschichtswissenschaft locken.

Was fehlt, sind universalhistorische Theorien unter Einbeziehung der verschiedenen Gesellschaftswissenschaften. Die großen Linien und Gesamtzusammenhänge werden von Historikern selten aufgezeigt und oft Laien überlassen, deren Hypothesen dann als unwissenschaftlich abgetan werden. So kommt die Geschichtswissenschaft ihrer eigentlichen Funktion zu wenig nach, die da wäre: Nur aus der Geschichte können wir lernen, nicht wieder und wieder dieselben Fehler zu machen.

Gene widersprechen der Propaganda

Macht beginnt in den Köpfen der Untertanen. Alle Theorien der Vergangenheit dienten dazu, den Beherrschten den Sinn der

Herrschaft so plausibel erscheinen zu lassen, dass sie nicht dagegen rebellierten (Piketty 2020). Darum wissen alle Diktatoren um die Bedeutung der Propaganda. Alle Geschichtsbücher bis ins 20. Jhdt. waren Hagiographien der Mächtigen, die die edlen Taten der Könige und Kaiser ins beste Licht rückten. Eroberung, Tötung von Rebellen und Andersdenkenden, sowie Siege in der Schlacht galten bis vor kurzem als Höhepunkte der Zivilisation. Jedes Volk, jede Nation glaubt bis heute, dass alle Staatsangehörigen von erfolgreichen Siegern abstammen und der Karriereaufstieg in der Staatshierarchie einen zum Sieger macht. Die Deutschen sehen sich als Nachfolger der Germanen, die Engländer stammen von den Angelsachsen, die Italiener von den Römern, die Franzosen von den Galliern. Jede Nation bezieht ihre Identität aus ihrer vermeintlichen genetischen Abstammung, wobei die eigenen Gene natürlich die guten Gene sind, die der anderen Völker weniger gut.

Die Wahrheit ist eine andere. Dies deckt derzeit die Genetik auf.

Mit zwei genetischen Markern zeichnen die Genetiker seit Jahren die Wanderungsbewegungen der Menschheit nach. Durch eine gleichbleibende Mutationsrate der Marker lässt sich feststellen, wie nahe oder entfernt verwandt die Völker sind. Mit der Mitochondrien-DNA (mtDNA) lassen sich die Wanderungsbewegungen der Frauen über die letzten 200.000 Jahre feststellen; mit der GeschlechtsDNA (yDNA) die der Männer immerhin für die letzten 70.000 Jahre.

Für Europa zeigt sich dabei ein überraschendes Bild. Die europiden Menschen in Europa und Westasien gehen auf die verschiedensten Wurzeln zurück, die am Ende der Eiszeit (10.000 vZ) alle schon an verschiedenen Stellen des Kontinents vorhanden waren. Die weibliche mtDNA hat sich zwar lokal etwas ausgebreitet, die weiblichen Gen-Pools sind aber im Großen und Ganzen dieselben geblieben.

Die männliche yDNA besteht aus weniger Linien, die sich über ganz Europa verbreiteten, vor allem von Ost nach West. Dies deckt sich mit der Eroberung des Kontinents durch Indogermanen aus Südrussland.

Dies führt zu einem Bild von Europas Bevölkerung, das dem nationalen Denken widerspricht. Wir sprechen zwar zu 95% indogermanische Sprachen, sind aber zu 90% keine Indogermanen.

Die europäische Urbevölkerung hat in den mütterlichen Linien bis heute überlebt. Diese waren am Ende der Eiszeit vor allem baskisch. Die baskischen Gene finden sich nicht nur im Baskenland, sondern in ganz Nordspanien und Südfrankreich. Die bei den Basken übliche Blutgruppe Null wird umso seltener, je mehr man sich vom Baskenland entfernt (Charpentier 1990).

Die Genetik bestätigt die Theorie einer Eroberung Europas durch Indogermanen aus Südrussland, archäologisch repräsentiert durch die Kultur der Schnurkeramik (Streitaxt-Kultur), linguistisch sichtbar durch die indogermanischen Sprachen (romanisch, germanisch, keltisch, slawisch, baltisch, griechisch).

Historiker gehen allerdings davon aus, dass die Indogermanen in den eroberten Ländern nur eine kleine Oberschicht bildeten, die Krieger-Kaste, die die militärische Macht besaß. Die Urbevölkerung musste für die Krieger schuften. Das entspricht dem Bild Europas im Mittelalter. 90% der Menschen waren arm und arbeiteten für die Adligen. Den Rittern ging es gut. Ritter (kommt von Reiter) sind aber nichts anderes als die militärische

Elite-Truppe der Kavallerie (Kavallerie und fr. chevalier = Ritter leiten sich beide von fr. cheval = Pferd ab).

Damit ähnelt Europa dem heutigen Lateinamerika: Nur 10% der Lateinamerikaner stammen von weißen Spaniern und Portugiesen ab. Diese bilden die korrupte Oberschicht, die den Kontinent seit 500 Jahren ausbeutet. 90% der Lateinamerikaner sind Nachkommen von Indianern, Negersklaven und Mischlingen (Die Mischlinge hatten keine Chance, in die weiße Oberschicht aufzusteigen, weil sie für ihre weißen Väter als Bastarde galten).

Warum soll die Geschichte von Europa so viel anders verlaufen sein, wenn der genetische Befund der gleiche ist wie in den europäischen Kolonien? Dies erklärt auch die Inzucht der Adligen. Bis vor 100 Jahren war es ausgeschlossen, dass ein Adliger sich eine Bürgerliche zur Frau nahm. Der englische König Edward VIII. musste noch 1938 abdanken, weil er die Frechheit besaß, Wallis Simpson zu heiraten.

Die Indogermanen wollten unter sich bleiben, damit ihre kriegerischen Talente in Reinkultur erhalten blieben.

Der Ursprung der antiken Kulturen war matrifokal/egalitär

Unser Geschichtsbild, das von Medien und Universitäten verbreitet wird, zementiert patriarchale Vorstellungen als scheinbar objektive Realität. Weibliche Forscher entdecken eine ganz andere Wirklichkeit, die langsam auch manchen Männern dämmert. Scott (2019) zerlegt den Mythos vom Segen der Zivilisation, die von mächtigen Königen in großen Städten etabliert wurde. Ganz im Gegenteil weist er nach, dass die

Menschen sich 6000 Jahre lang weigerten, sich vom Ackerbau abhängig zu machen, ihr freies Leben als Wildbeuter aufzugeben und sich von mächtigen Königen unterjochen zu lassen. Der Ackerbau entstand 10.000 vZ, die ersten Patriarchate gab es erst 4000 vZ. Was war in den Jahrtausenden dazwischen? Warum wird diese Schlüsselzeit von den Historikern geflissentlich übersehen? Darüber könne man nichts Genaues sagen, meinen die Professoren und stellen sich blind und taub. Scott legt den Finger auf die Wunden eines unlogischen Denksystems: Entgegen der vorherrschenden Meinung ist das patriarchale Machtsystem nicht der Ursprung der menschlichen Gesellschaft. Dies wurde uns nur eingeredet und mit einer Fehldeutung der historischen Fakten scheinbar belegt. Im Geschichtsunterricht haben wir gelernt, dass die Zivilisation in Mesopotamien und Ägypten entstanden ist, als mächtige Könige diese Länder durch Kriege vereinten und mit einer effizienten Verwaltungshierarchie befriedeten. Andere Fakten blenden die Historiker aus.

Dies mag daran liegen, dass die Geschichtsforschung mit der Auswertung schriftlicher Aufzeichnungen begann. Soweit die Gelehrten die alten Schriften lesen konnten, war nur von Königen und ihren Kriegen die Rede. Das passte den männlichen Herrschern des 18. und 19. Jhdt. gut ins Konzept.

Die antiken Schriften der siegreichen Patriarchen bedeuten weder, dass die Welt immer so brutal war, noch dass es vor dem Jahr 3300 vZ keine Zivilisationen gab. Ganz im Gegenteil! Die Archäologen fanden jede Menge menschlicher Artefakte aus der Zeit von 50.000 bis 3300 vZ. Diese zeigen vor allem Frauen mit überquellenden Fruchtbarkeitsmerkmalen: Vulva, Brüste, Bauch, Gesäß, Gebärstellung.

Dies passt nicht zur gängigen Vorstellung von heldenhaften Jägern, die später zu mächtigen Königen wurden. Statt den logischen Schluss zu ziehen, dass Frauen in der Steinzeit eine wesentlich größere Bedeutung hatten als in Antike, Mittelalter und Neuzeit, zogen sich die Gelehrten auf eine Form der Wissenschaftlichkeit zurück, die einem Denkverbot gleichkommt: Man könne über die „Venus"-Statuen nichts Sicheres sagen, denn es fehlten ja die schriftlichen Überlieferungen.

Dieses Interpretationsverbot dient dem Schutz der unbewiesenen Prämisse, dass die Zivilisation von Männern erfunden wurde. In diese Richtung dürfen Historiker sehr wohl fantasieren, auch wenn es dafür keine Beweise gibt. Eine kluge Frau, Marija Gimbutas, Professorin in Harvard, entdeckte bereits 1956, dass die erste nachweisbare Zivilisation der Welt im Donauraum entstand, 2000 Jahre früher als die sumerische, matrifokal organisiert, mit der ersten dokumentierten Schrift. Als Gimbutas dann noch von einer großen Muttergöttin faselte, wurde sie nicht mehr ernst genommen und starb 1994, womit sich das Problem scheinbar von selbst erledigt hatte.

Inzwischen ist Gimbutas rehabilitiert: Indogermanische Patriarchen aus Südrussland eroberten die Donaukultur, schmiedeten das dort abgebaute Kupfer zu Schwertern, später zu Bronze. Damit begann der Siegeszug der männlichen Krieger-Kaste, die alles eroberte, was sich ihr in den Weg stellte. Die Überlebenden der Donaukultur flüchteten auf die griechischen Inseln, entwickelten auf Kreta die minoische Kultur. Durch das Meer und die damals größte Flotte der Welt geschützt, hielten die Minoer nicht viel vom Krieg, trieben lieber Handel mit den Ländern des östlichen Mittelmeers. Nicht viel anders in Ägypten.

Der erste Pharao Narmer, der 3000 vZ das Nildelta eroberte, stand nicht am Anfang, sondern am Ende der ägyptischen Zivilisationsentwicklung. Der Ackerbau begann im Nildelta um 6500 vZ in matrifokaler Zeit. Doris Wolf (2019) hat aufgezeigt, dass die matriarchale Kultur in Ägypten sich im Laufe von 3000 Jahren entwickelt hat und von den Pharaonen nur gekapert wurde.

Sumer, die sogenannte „Wiege der Zivilisation", ist eine späte Entwicklung. Alle wichtigen Erfindungen, die den Sumerern zugeschrieben werden, wurden früher gemacht, in der langen Zeit von 10.000 vZ (Erfindung des Ackerbaus) bis 3300 vZ, als die Sumerer vom Kaukasus nach Süden aufbrachen, angelockt von den Schätzen, die es im Mündungsgebiet von Euphrat und Tigris zu rauben gab.

Die heiligen Bücher Indiens (Bagavadgita, Mahabharata) wurden unter arischen Königen um 500 vZ aufgeschrieben. Die indische Kultur entstand aber viel früher unter drawidischen, dunkelhäutigen Völkern, wie es sie heute nur mehr in Südindien gibt. Die große Zeit der Indus-Kultur war von 2800 bis 1800 vZ. Es war die damals weiträumigste Kultur der Welt. Die Drawiden erfanden das Dezimalsystem, die Städteplanung aus rechtwinkeligen Straßenvierecken, Häuser aus gebrannten Ziegeln (deren Proportionen 1:2:4 verwenden wir heute noch), die Kanalisation, die Wasserleitung und das Bad. Ähnlich der Donaukultur war die Induskultur eine matrifokale Händlerkultur.

Das kriegerische Patriarchat als Konstante der Weltgeschichte ist ein Trugschluss, entstanden aus der Unfähigkeit europäischer Forscher, ausgestorbene nicht-indogermanische Sprachen zu verstehen. Indogermanische Forscher in aller Welt setzten ihr Weltbild aus indogermanischen Schriftzeugnissen zusammen.

Indogermanen, die Erfinder des kriegerischen Patriarchats, verteidigen die patriarchalischen Strukturen bis heute. Die ersten Zivilisationen wurden aber von matrifokalen oder egalitären Kulturen erschaffen. Der Krieg steht nicht am Anfang, sondern am Ende jeder Kultur (Toynbee 1970). In den ersten Jahrhunderten ist jede Kultur kreativ und breitet sich friedlich aus, weil die Nachbarvölker begierig ihre Erfindungen und Innovationen übernehmen. Erst wenn die Kreativität stagniert, zerfällt die Kultur in Parteien, die um den nicht mehr wachsenden Besitz streiten. Ab 480 vZ wurde das von ganz Europa verehrte antike Griechenland vom persischen Reich bedroht, zerfleischte sich danach im peloponnesischen Krieg. Die Militärreiche der Athener, Alexanders des Großen und schließlich das römische Reich stützten sich auf kriegerische Expansion. Diese ist aber der Anfang vom Ende, da die von den Kriegszügen traumatisierten Barbarenvölker aufrüsten und schließlich in Völkerwanderungen das Reich zerstören. Die gleiche Entwicklung lässt sich für alle Kulturen der überlieferten Geschichte nachweisen.

Kulturelles Wachstum entsteht in Friedenszeiten. Militärische Macht breitet sich zwar eine Zeitlang aus, verliert aber durch Gewalt und Grausamkeit jede Legitimation und stürzt schließlich in sich zusammen. Das ist seit 6000 Jahren so, allen Heldenepen der Krieger zum Trotz. Alle militärischen Reiche hielten nur 200 bis 400 Jahre lang, dann gingen sie zugrunde.

Die feministische Historikerin Doris Wolf (2019) bringt es auf den Punkt: „Wir wurden betrogen. Wir wurden belogen und geprellt mit patriarchalen ›Schon-immer-Mythen‹, die wir tief verinnerlicht haben: Jetzt müssen wir erkennen, das Göttliche und die Schöpfung waren nicht schon immer männlich. Die geistige und spirituelle Leitung war nicht ›schon immer‹ beim Mann, dem Priester, dem Patriarchen und dem Vater. Sie lag bei den Frauen, den Müttern, den Priesterinnen und den Matriarchinnen. Sie waren es, die wahre Kultur schufen, die von der Männerherrschaft durch ihre Gier, ihren Machtanspruch und ihre ständigen Kriege zerstört wurde."

Ein radikaler Standpunkt, dem wohl die meisten Professoren widersprechen werden. Aber schauen wir genauer hin, was diese alternative Erklärung uns zu bieten hat: Die größte archäologische Sensation, von der wir wissen, ist 12.000 Jahre alt. In der Südosttürkei, in Göbekli Tepe, fand man die ältesten Tempel der Menschheit, mit riesigen Steinsäulen und wunderschönen Reliefs. Klaus Schmid, der Ausgrabungsleiter, erklärt dies so: Da hätten sich ein paar Jägerstämme versammelt und kultische Jagdrituale abgehalten, lange vor der Sesshaftigkeit. Also alles wie gehabt.

Von wegen! In Göbekli Tepe gibt es 100 Tempel, die noch nicht ausgegraben sind! Es liegen erst 1,5% der Gebäude frei. Mehr braucht es nicht, denn wir „wissen" ja schon, dass diese einmaligen Stelen, die alles danach Kommende in den Schatten stellen, von steinzeitlichen „Jägern" für ihre Jagdfeste errichtet wurden. Man geht der Sache nicht weiter nach, denn das könnte alles über den Haufen werfen, was wir über die Urzeit wissen. Baumaschinen und Bagger hatten die „Jäger" damals nicht. Hätten sie aber gebraucht, um so eine riesige Anlage aufzubauen. Millionen von Arbeitssklaven wie die Pharaonen beim Bau der Pyramiden hatten sie auch nicht. Also entweder hatten die Menschen damals Riesenkräfte wie Obelix und die Titanen oder die gängige Erklärung ist ein Riesenblödsinn.

Aber wir sollen weiter brav glauben, was uns die Professoren zum Abendmahl servieren, denn die sind ja die Experten und müssen es wissen. All die Laien, die sich den Kopf über unsere Vorzeit zerbrechen, sollen bitteschön den Mund halten oder meinetwegen Erich von Däniken lesen, wenn sie unbedingt Fantasie-Geschichten hören wollen.

Universitas locuta, causa finita.

II. Triebkräfte der historischen Prozesse

Was treibt die Geschichte an, welche Kräfte stecken hinter der Entwicklung der Menschheit? Warum tun wir, was wir tun? Was sagen Psychologie, Anthropologie und Soziologie dazu?

Warum bauen wir Machthierarchien und Städte auf und keine friedlichen Landkommunen, in denen alle gleichberechtigt und gleich versorgt sind?

All diese Fragen haben seit alters her Philosophen und Gesellschaftskritiker beschäftigt, Historiker halten sich da im Allgemeinen raus, denn die großen Linien sind ihre Sache nicht. Alles zu unwissenschaftlich und nicht zu beweisen. Hegel, Karl Marx, Friedrich Nietzsche, Oswald Spengler, Arthur Schopenhauer und Henri Bergson haben es versucht, aber das ist veraltetes 19. Jhdt. Alexander Toynbee hat im 20. Jhdt. eine 20-bändige Universalgeschichte vorgelegt, aber der wird ignoriert, denn da könnte ja jeder kommen. Womöglich würden die Leute dann anfangen, ihre Geschichte zu verstehen und daraus zu lernen, igittigitt!

Es muss wohl alles irgendwie mit unserer Evolution als Art zu tun haben. Das weiß inzwischen jeder, seit 150 Jahren, seit die High Society nicht mehr leugnen kann, dass wir vom Affen abstammen.

Beginnen wir mit der Anthropologie:

Kelly (2020) ist Anthropologe und versucht, aus den 6 Mill Jahren Menschheitsentwicklung ein Verständnis der Vergangenheit und Lehren für die Zukunft zu ziehen, das gelingt ihm besser als den meisten. Er bricht den komplexen Gegenstand der Menschwerdung auf die wesentlichen Punkte herunter:

Es gab 6 evolutionäre Schwellen, durch die sich die Hominiden von den Schimpansen unterscheiden:

1. Als erstes erzwang der aufrechte Gang, dass der Mensch als biologische Frühgeburt zur Welt kommt und deshalb ohne intensive soziale Bindungen nicht überleben kann. In der Urzeit mussten die Mütter ihr Kind 4 Jahre tragen und stillen, anders ging es nicht. Deshalb mussten die Mütter kooperieren, sich gegenseitig ablösen und vertreten, sonst wären sie verhungert. Starker Zusammenhalt und erste Arbeitsteilungen zwischen Männern und Frauen entstanden.

2. Vor 2,5 Mill Jahren ermöglichten Steinwerkzeuge einen leichteren Zugang zu Fleisch und damit ein stärkeres Gehirnwachstum.

3. Vor 70.000 Jahren begann die Entwicklung komplexer kultureller Leistungen, das Vorderhirn wuchs und der Mensch lernte, auf bis zu 5 operationalen Ebenen zu denken. Durch die Auswanderung auf alle Kontinente erzwang die Anpassung an immer neue Landschaften eine neue Sicht der Welt und des Weltbildes. Religion, Kunst und Mythen wurden immer komplexer.

4. Vor 10.000 Jahren wurde es durch das Ende der Eiszeit eng auf der Welt. Alles ging drunter und drüber, da die alten Siedlungsplätze überflutet wurden. Alle Stämme suchten die

besten Plätze zum Überleben, dadurch wurde der Getreideanbau nötig, Sesshaftigkeit, Pflanzen- und Tierdomestikation waren die Folge.

5. Vor 5000 Jahren begann die Staatenbildung, vor allem mit kriegerischen Mitteln.

6. Vor 500 Jahren begannen Globalisierung und technologische Revolutionen.

Seit 100 Jahren sind die alten Strukturen von Kapitalismus, Aufrüstung und Nationalismus dysfunktional. Der Kapitalismus zerstört zu viel Natur, die militärische Aufrüstung wird unfinanzierbar, der Nationalismus erschwert die Lösung der globalen Probleme. Autonomiebestrebungen zerstückeln Länder und brauchen als globales Korrektiv eine Weltregierung und Weltorganisationen.

Treibende Kraft der Entwicklung ist die Nahrungs-Nutzen-Rechnung. Der Mensch wählt jene Nahrungsmittel aus, die einen Kalorienüberschuss versprechen; wenn die Nahrungsbeschaffung aufwendiger ist als der Kaloriengewinn, wird diese Nahrung aufgegeben. In Zeiten der Krise wird die Nahrungsmittelverteilung schwierig und funktioniert immer schlechter. Dies gilt auch für die Gegenwart, wo veraltete Sozialstrukturen die Nahrungsmittelverteilung behindern.

Wenn Menschen hungern, tun sie verrückte Dinge, um zu überleben. Sie rauben, töten, führen Kriege, versklaven andere Stämme und Völker. Damit sind wir beim ersten Treiber der Geschichte, der alle Historiker fasziniert, manchen sogar als Vater aller Dinge erscheint: Der Krieg!

Krieg

Seit 5000 Jahren führen die Menschen Kriege. Die meisten Herrscher der Geschichte sind nur für ihre Schlachten und Eroberungen bekannt, manche taten auch gar nichts anderes als Fremde besiegen, unterjochen, versklaven. Der griechische Philosoph Heraklit bezeichnete daher den Krieg als „Vater aller Dinge". Was finden die Menschen so toll daran sich gegenseitig abzuschlachten und zu bestehlen? Wie passt das zu unserer angeblichen Moral und Vernunft?

In der Vergangenheit gab es durchaus handfeste Gründe, warum ein Krieg für den Sieger ein Vorteil sein konnte. Der Sieger einer Schlacht konnte sein Territorium ausdehnen, mehr Güter, Rohstoffe und Sklaven erwerben und damit seine Macht ausweiten - auf mehr Menschen, mehr Schätze, mehr Landfläche. Zu Caesars und Augustus Zeiten war es durchaus lohnend, feindliche Völker zu überfallen und in das römische Imperium einzugliedern, denn das Imperium wurde so immer größer und reicher. Selbiges taten die chinesischen Kaiser, die spanischen Konquistadoren und die englische East India Company. Der siegreiche Feldherr Prinz Eugen wurde mit der Beute, die er den Türken abknöpfte, zum reichsten Manne Wiens, seine Schlösser sind heute noch prächtiger anzuschauen als die der Habsburger. Bis ins 20. Jhdt. war Krieg ein probates Mittel zur Errichtung großer Reiche und zum Anhäufen großer Vermögen. Ein Menschenleben hingegen zählte herzlich wenig.

Seit der Erfindung der Atombombe und der globalen Wirtschaftsverflechtung ist Krieg allerdings ein Defizitgeschäft geworden. Erstere bedroht das Überleben der Menschheit, deshalb wurde die Atombombe nur zweimal eingesetzt und es bleibt zu hoffen, dass die Politiker der Zukunft ihren

Überlebensinstinkt nicht verlieren werden. In der globalisierten Wirtschaft ist jeder Krieg eine Bedrohung für Börsenkurse und Wachstumsraten. Die USA ließen sich 2002 in Afghanistan und 2003 im Irak zu siegreichen Kriegen provozieren, deren Folgekosten aber 100mal höher sind als jeder Gewinn, den ein paar Kriegsgewinnler vielleicht hatten, vom Leid der Bewohner dieser Länder ganz zu schweigen. Würde die zukünftige Führungsmacht China seine Nachbarländer angreifen, dann versetzte es seiner Wirtschaft damit einen Schlag, von dem sich die Chinesen nie wieder erholten. Die Führung Chinas setzt daher auf wirtschaftliche Expansion, da es mit Krieg nur einen Aufstand im eigenen Land riskieren würde. Selbiges ist schon Zar Nikolaus II, Kaiser Wilhelm II. und Kaiser Karl I. passiert, von Hitler gar nicht zu reden. So blöd, durch einen großen Krieg kollektiven Selbstmord zu begehen, sind die Chinesen wohl nicht. Krieg hat sich also überlebt und taugt nicht mehr als Treiber der Entwicklung.

Laut Hariri (2015) lohnt sich Krieg nicht mehr, da Wissen der heutige Rohstoff ist, und Wissen kann man nur durch friedlichen Handel vermehren, durch Krieg wird es vermindert. Im 21. Jhdt. gilt: mehr Wissen führt zu mehr Wohlstand und Fortschritt; mehr Krieg führt zu mehr Armut und Gewalt. Krieg scheidet also als Lösung für die Probleme der heutigen Welt aus. Das hat sich nur noch nicht in alle Weltgegenden herumgesprochen. Die Terroristen des IS und der Al-Kaida sind noch vom Sinn des Heiligen Krieges überzeugt, auch wenn dieses Konzept zuletzt im 7. Jhdt. nZ funktioniert hat und seitdem nur Probleme macht. Mit ihren Terrorattacken spielen sie aber auf den alten Untergangsängsten der Menschheit Klavier. Nach jedem Anschlag glauben 90% der Menschen, dass Terror die schlimmste Gefahr für die Menschheit ist. Was eine völlige

Verkennung der Wirklichkeit darstellt: Durch Autounfälle sterben 1.250.000 Menschen pro Jahr, durch Terroristen 32.000. 11.700 Amerikaner sterben durch Schüsse anderer Amerikaner, jedoch nur 2 durch islamistische Immigranten. Es ist also höchste Zeit, dass sich alle beruhigen und auf den Boden der friedlichen Realität zurückkommen.

Warum hat die Menschheit den Krieg aber noch immer nicht aufgegeben? Das hat mit unseren Mythen zu tun, an die wir wider besseres Wissen glauben. Yuval Hariri (2015) schreibt, dass der Mensch seit 70.000 Jahren Glaubensmythen braucht, um als Gruppe, Volk oder Nation kooperieren zu können. Die Mythen und Religionen ändern sich, entscheidend ist nur, dass viele an eine Sache glauben, egal ob es sich um den göttlichen Leib Christi, das Nirwana, den Urknall oder die von Gott bestimmte Überlegenheit des Menschen handelt. Auf seltsame Art und Weise hat sich unsere Sucht nach Mythen mit dem Krieg-Führen verknüpft. Es ist nichts Neues, dass heute noch Krieg im Namen des Islam oder der evangelikalen Selbstgerechtigkeit über die Achse des Bösen geführt wird, das war immer schon so. Seit 2000 Jahren ist das Kreuz mit den Kreuzzügen ein völlig verrückter Auswuchs unserer sogenannten „Vernunft". Wenn das so weitergeht, müssen wir wohl bald den Homo sapiens in Homo insapiens umtaufen.

Krieg aus religiösen Gründen ist der direkte Weg in die Hölle, die dann auf Erden ausbricht. Erstaunlicherweise sind gerade Religionen die Hauptursache von Kriegen, der Religionskrieg ist keine Erfindung der Sunniten und Schiiten im Nahen Osten, Päpste und Protestanten konnten das genauso brutal und mörderisch. Der Monotheismus hat die Lage durch seinen Alleinvertretungsanspruch nur verschlimmert, weil jeder

Andersgläubige sowieso in die Hölle kommt und daher getötet werden darf. Es gibt insgesamt 5000 spirituelle Systeme auf der Erde, 90% davon ist die Vorstellung fremd, dass der eigene Gott der einzige sei. Das Gebot "Töte deinen Nächsten" findet sich nirgends auf der Welt und doch bitten seit 5000 Jahren die Soldaten ihren Gott um den Sieg. „Gott ist mit uns" ist der häufigste Schlachtruf. Wenn es denn einen Gott gibt, dann muss der sich doch sehr wundern, wie viele Parteien ihn gleichzeitig um Hilfe beim Töten bitten (Opelt 2020 a, b). Nach aller Logik kann selbst der mächtigste Gott so eine Hilfe nicht leisten. Warum glauben dann alle Völker seit Anbeginn der Kriege an solch einen Unsinn? Warum halten sich die Christen nicht an das Gewaltverbot ihres Gründers? Warum schwafeln Kirchenväter und Bischöfe seit 1700 Jahren vom „gerechten Krieg" und von der Freiheit des Menschen, auch Böses zu tun? Verstehen kann das keiner, daran glauben sollen wir aber schon.

Macht

Bei allen sozial organisierten Säugetieren gibt es Rangordnungen und Territorialverhalten. Die damit verbundene Kampfbereitschaft hat den Sinn, die vorhandene Nahrungsbasis möglichst effizient auf verschiedene Territorialgruppen aufzuteilen (Lorenz 1998). Wer ein Territorium nicht respektiert, wird schon mal getötet, als Warnung für die nächsten.

Wölfe, Löwen und Bullen töten sich aber nur selten. Eine kurze Rangelei und die Verhältnisse sind geklärt. In Dorfgasthäusern machen es betrunkene Männer ähnlich. Auch die Urmenschen gingen sich eher aus dem Weg, wenn sie sich überhaupt über den Weg liefen bei der damals dünnen Besiedelung.

Beim Menschen ist das Machtstreben aber völlig aus dem Ruder gelaufen. Das hat mit der evolutionären Schwelle vor 10.000 Jahren zu tun, dem Ackerbau und der Sesshaftigkeit:

Als die großen Landtiere ausgerottet waren, mussten die Jäger eine neue Nahrungsquelle finden. Sie entdeckten, dass man von Grassamen ganz passabel leben kann. Es mussten sich nur genügend Menschen zusammenrotten, um die Felder zu bebauen und die Viehherden zu hüten. Für die Bewässerung trockener Gegenden durch Hochwasser führende Flüsse war eine komplexe vertikale Organisation nötig. Eh sich Ägypter und Sumerer versahen, waren sie von Königen und Priestereliten beherrscht.

Solange ihnen die neue Elite genügend Nahrung fürs ganze Jahr versprach (es brauchte Kornspeicher, Bewässerungssysteme, Rationierung und gerechte Verteilung der Lebensmittel) ließen sich die Untertanen gern beherrschen, ja sie verehrten die Könige als Götter, die das Überleben sicherten. Wenn aber die Ernte schlecht war oder Ratten die Kornspeicher leerfraßen, wurde es für die Könige gefährlich. Hungerrevolten brachten die Eliten in Gefahr, Reiche zerbrachen, wenn das Klima schlecht war und Dürren die Ernten ruinierten. Klimaforscher stellten fest, dass das Ende von Imperien in fast allen Fällen mit Trockenperioden korreliert.

Nach kurzer Zeit kriegten das die Könige mit und entwickelten ein effizientes Mittel gegen ihren Sturz. Mit einem straff organisierten Heer ließ sich jede Hungerrevolte niederschlagen und das Königshaus konnte bis zur nächsten guten Ernte durchhalten. Mit Spitzeln und Geheimdiensten konnte man überdies jeden Aufstand im Keim ersticken. Mit diesem System hält sich Syriens Diktator Assad auch nach 9 Jahren Bürgerkrieg an der Macht und wartet immer noch auf eine gute Ernte, die auf Grund seiner Fassbomben allerdings immer unwahrscheinlicher wird.

Womit schon erklärt ist, warum heutige Unterdrückungssysteme nicht mehr so gut funktionieren wie jene in früheren Jahrhunderten. Eliten, Korruption und Hierarchien wurden akzeptiert und in Kauf genommen, solange sie das Überleben des beherrschten Volkes sicherten. Was sie ja auch lange taten. Die römischen Kaiser waren zwar gewalttätige Despoten, solange sie ihrem Volk aber Brot und Spiele schenkten, hielten sie sich an der Macht.

Moderne Diktatoren haben ein Problem. Brot und Spiele lassen sich heute nur mit einer gut ausgebildeten Bevölkerung und viel wirtschaftlicher Innovation sichern. Der Stalinismus samt UDSSR landete auf dem Müllhaufen der Geschichte, weil Stalin alle seine klugen Untertanen in Gulags sperren oder umbringen ließ. So hatten die Sowjetbürger am Ende weder genug zu beißen noch genug Geld für Unterhaltung. Und aus war´s mit dem größten Land der Erde und dem segensreichen Kommunismus.

Mit einer Ausnahme: Die KPCH erkannte 1978, dass sie ihre Herrschaft mit wachsendem Wohlstand absichern kann. So hat China in den letzten 40 Jahren gezeigt, dass Wohlstand und Einparteienherrschaft sich sehr wohl vertragen. China zeigt eine moderne Version der Brot-und-Spiele-Geschichte. Man darf ein Volk bevormunden, solange man es satt und zufrieden macht. Man darf es aber nicht soweit unterdrücken, dass es hungert und keine Perspektive mehr hat. Denn dann bricht das Unterdrückungssystem früher oder später in sich zusammen.

Bereicherung

Mit dem Ausufern der Macht brockte sich die Menschheit das nächste Problem ein, das uns bis heute verfolgt: Bereicherung, Korruption, Finanzskandale. Wer Macht und Einfluss hat, sichert sich früher oder später einen großen Teil des Kuchens und lässt seinen Untertanen immer weniger übrig. Könige und Potentaten tun dies, damit sie ihre Anhänger mit Geschenken, Orden und Posten bei der Stange halten können. Wir haben zwar keine Könige mehr, aber unsere Parteien stützen ihre Macht immer noch mit demselben Klientelsystem.

Bis zu einem bestimmten Punkt akzeptiert die schweigende Mehrheit, dass die Elite reicher ist als das gemeine Volk. Ja, das Volk ist sogar unendlich geduldig im Ertragen einer sich immer weiter öffnenden Einkommensschere. Diese wurde in der Vergangenheit sogar durch religiöse Systeme stabilisiert. Das indische Kastensystem und das mittelalterliche Zunftsystem erklärten es für gottgewollt, dass jeder Mensch einen bestimmten Platz in der Gesellschaft zugewiesen bekommt. Kaiser, König, Edelmann; Bürger, Bauer, Bettelmann. So war es nun mal im mittelalterlichen Europa. Ein Aufbegehren gegen die Klassenunterschiede war ein Aufbegehren gegen die Ordnung Gottes.

Solange man in seiner Schicht gut leben konnte, hielt man es aus, dass die Oberschicht 10mal oder sogar 100mal mehr verdiente. Wenn die Oberschicht es aber übertrieb, ging es für sie fast immer schlecht aus. Wenn die Elite 1000mal oder 100.000mal so viel verdiente wie der einfache Bauer, dann riskierte sie, auf dem Schafott oder unter der Guillotine zu landen. Sie weiß es zwar noch nicht, aber die Finanzelite der Banker, die sich Millionen-Boni genehmigt, die dann rückwirkend von den kleinen Sparern über Minuszinsen finanziert werden müssen, ist bereits in akuter Lebensgefahr. Heute wird man vielleicht nicht gleich hingerichtet, aber im Gefängnis landen die Finanzbetrüger allemal. Auch ehemalige Minister und Wirtschaftsbosse sind nicht mehr sakrosankt. In Brasilien stürzten bereits 2 Präsidenten auf Grund eines einzigen Korruptionsskandals, der die ganze Elite Lateinamerikas in den Abgrund zu ziehen droht.

Brot und Spiele – diese Regel der Römer gilt noch immer.

Wenn du dein Volk gut leben lässt, akzeptiert es deinen Reichtum. Wenn du es mit der Ausbeutung aber übertreibst, dann lebst du nicht lange. Irgendein bezahlter Killer findet sich schnell und die Mafia steht Gewehr bei Fuß.

Größenwahn

Der erste Mensch, der ein großes Tier mit einem Wurfspeer erlegte, muss wohl einen Höhenrausch gehabt haben. Nach Millionen Jahren des Kampfes ums Überleben hatte er plötzlich Fleisch für Wochen und brauchte sich vor keinem Tier mehr zu fürchten. Das war damals wie ein Lottosechser.

Erfolg verdirbt den Charakter, und zwar umso mehr, je größer die Diskrepanz zwischen einem schlechten Ausgangszustand und dem erfolgreichen Endzustand ist. Lottogewinner sind oft nach wenigen Jahren so arm wie vorher, weil sie mit dem ungewohnten Erfolg nicht umgehen können, das Geld zum Fenster hinauswerfen und sich von Betrügern ausnehmen lassen. Wer hingegen reich geboren ist, hat ein Leben lang gelernt, seinen Reichtum zu nutzen, zu genießen und zu vermehren.

Der Urmensch war der arme Vetter der Gorillas und der Löwen. 5 Millionen Jahre lang zog er den Kürzeren, weil die Gorillas und Löwen viel stärker waren. Wenn er denen ängstlich aus dem Weg ging, dann fraßen ihn des nachts die Leoparden von den Bäumen runter. In seinem Innersten ist der Mensch immer noch ein von Angst geplagtes Beutetier, das zunächst einmal davon ausgeht, dass ihn irgendjemand fressen will.

Doch dann kam in kürzester Zeit die große Wende. Seit der Erfindung des Speers ist der Mensch der Stärkere und nimmt an seinen alten Feinden blutige Rache. Jetzt gehen uns die Löwen aus dem Weg, die Gorillas haben wir eh schon fast ausgerottet.

Ein solcher Höhenrausch ist nicht gesund für unsere Psyche. Meist hat unser Gehirn nicht genug Zeit, um die plötzlich gestiegene Kraft richtig einzuordnen. Wenn man erst ein paar Feinde getötet hat, fühlt man sich unverwundbar. Wenn man dem Machtrausch des Tötens verfällt, fühlt man sich am Ende wie ein Gott, der allen anderen überlegen ist.

Bei jedem neuen Erfolg nahm der Größenwahn der Erfolgreichen zu. Achilles war ein Halbgott als Schwertkämpfer, der Pharao als Sohn des Ra ein begnadeter Bogenschütze, Alexander der Große ein göttlicher Stratege, Vasco da Gamas Kanonen beherrschten den indischen Ozean und die Atombombe machte den amerikanischen Präsidenten zum Herren der Welt.

Die größten Aufsteiger traf der Größenwahn am schlimmsten. Napoleon war ein kleiner italienischer Einwanderer, er eroberte Frankreich und dann ganz Europa, wurde Kaiser und verschenkte die eroberten Länder an seine Verwandten.

Hitler war ein obdachloser Postkartenmaler aus Wien, eroberte erst München, dann Berlin, Deutschland und wieder ganz Europa und fühlte sich als größter Feldherr aller Zeiten. Ein Befehl des Führers war wie Gottes Wort und erlaubte keinerlei Kritik.

Die Römer nannten dieses Phänomen Caesarenwahn und der ging immer schlecht aus. Caligula, Nero, Domitian, Commodus und fast alle Soldatenkaiser fielen ihm zum Opfer und wurden am Ende von den eigenen Leuten ermordet.

In den letzten Jahrzehnten sind die Banker die neuen Kaiser, bauen sich Finanzimperien auf, mit denen sie die Welt beherrschen und stürzen oft ebenso jämmerlich ab wie Hitler oder Napoleon.

Unser großes Hirn ist unser Erfolgsorgan. Wenn es zu erfolgreich ist und uns zum Größenwahn verleitet, endet das meist in einer Katastrophe.

Freund-Feind-Denken

Unser riesiges Gehirn mit seinen Billionen Nervenverbindungen hat den Menschen an die Spitze der Nahrungskette bugsiert. Es hat die Kommunikation innerhalb der Gruppen vervielfacht und den sozialen Zusammenhalt verstärkt. Deswegen sind Menschengruppen zu komplexen Aktionen fähig wie zu einer Großwildjagd, einem Kommandounternehmen, einer Papstwahl oder dem Bau eines Staudamms.

Ermöglicht wurde diese Zunahme der sozialen Komplexität durch die Erfindung der Sprache. Seitdem können Gruppenmitglieder über Gott und die Welt diskutieren und seit

70.000 Jahren ist das auch unsere Lieblingsbeschäftigung. Verbales Lob und Zuhören haben die Streicheleinheiten ersetzt, mit denen sich Affen beim Lausen verwöhnen und auch die Schleckereien, mit denen die meisten Säugetieren mittels geschickter Zunge ihre Zuneigung ausdrücken.

Die Sprache hat aber einen gravierenden Nachteil. Man muss sie verstehen, um zu einer Gruppe dazuzugehören. Wer unverständlich daherplapperte, galt den alten Griechen als Barbar. In allen Ländern gelten Menschen unbekannter Zunge als Fremde, sind Feinde, denen man nicht vertrauen kann. Der Mensch neigt dazu, Fremde im Zweifelsfall zu erschlagen, bevor die ihm was tun können. Man weiß ja nie.

Die Verbesserung der Kommunikation in der Gruppe wurde mit einer Verschlechterung des Dialogs zwischen Gruppen erkauft, der jederzeit schiefgehen und in Aggression umschlagen kann. Anders als andere Tiere haben es die Menschen verlernt, die nonverbale Sprache richtig zu lesen, die bei allen Säugetieren die Kommunikation innerhalb einer ganzen Art ermöglicht.

Wölfe z.B., die ähnlich komplex organisiert sind wie Menschen, sprechen in ihrem gesamten Verbreitungsgebiet die gleiche Sprache. Wenn sich fremde Wolfsrudel begegnen, können sie blitzschnell einschätzen, ob die Fremden gefährlich oder ungefährlich sind. Stellen die fremden Wölfe die Rute hoch, legen sie die Ohren an und fletschen die Zähne, dann werden sie angreifen. Ziehen sie den Schwanz ein und senken sie den Kopf, dann wollen sie Streit vermeiden. Legt sich ein Wolf gar auf den Rücken und präsentiert seinen schutzlosen Hals, dann unterwirft er sich. Dann haben die Angreifer eine angeborene Beißhemmung und ziehen sich zurück.

Wolfsrudel kämpfen nur dann, wenn sie einem anderen Rudel sein Territorium abjagen wollen, niemals aber wegen eines Missverständnisses. Lieber gehen sie sich aus dem Weg und suchen sich ein neues Jagdgebiet. Weil sie Kriege vermeiden, haben sich Wölfe über die gesamte Nordhemisphäre ausgebreitet und tun dies jetzt wieder, wenn der Mensch sie nur lässt.

Wir Menschen neigen hingegen zur Paranoia, wenn Fremde in unser Land eindringen. Schließlich wurden wir ja in der Vergangenheit schon oft überfallen und beraubt. Wenn also Türken und Araber scharenweise nach Mitteleuropa kommen, wollen sie uns wahrscheinlich zerstören und uns alles wegnehmen. Der Instinkt legt uns nahe, sie prophylaktisch zu vertreiben und ihre Häuser abzufackeln.

Um ähnlich diplomatisch zu sein wie die Wölfe, müssen wir erst einen Türkisch- oder Arabisch-Kurs machen und die Bräuche der Moslems richtig deuten lernen. Oh Gott, die stechen ihren Schafen den Hals ab und lassen sie ausbluten, werden sie das auch mit unseren Frauen und Kindern tun?

Türken, die Deutsch lernen und sich verständlich ausdrücken, schließen wir hingegen schnell ins Herz und werden mit ihnen gut Freund. Wenn sie uns zu einem Hammelbraten einladen, entdecken wir, dass der gar nicht so anders schmeckt wie unser Schnitzel.

Das Sprachproblem behindert unseren Friedenswillen, seit es verschiedene Sprachen gibt (Die Ursprache Nostratisch wurde zuletzt vor 70.000 Jahren gesprochen. Wenn Menschen sich geographisch voneinander isolieren, spalten sich Sprachen innerhalb von 2000 Jahren in Schwestersprachen auf, die von der jeweils anderen Gruppe nicht mehr verstanden werden.

Alle großen Reiche haben versucht eine neue Universalsprache durchzusetzen. Die Han-Chinesen waren damit am erfolgreichsten, ihr Mandarin hat alle anderen Sprachen Chinas verdrängt. Seitdem ist China meist ein vereintes Land, von kurzen Bürgerkriegen abgesehen. Ähnliches machten die Römer mit ihrem Latein, das nach dem Untergang des Römischen Imperiums aber schnell in 8 romanische Sprachen zerfiel. Seitdem können sich Franzosen, Spanier und Italiener wieder ohne schlechtes Gewissen zerfleischen, denn die anderen sprechen ja ein unverständliches Kauderwelsch, sind logischerweise Feinde und daher zu töten.

Die internationale Diplomatie umgeht dieses Problem durch Dolmetscher und Sprachkurse. Das setzt aber die Bereitschaft voraus, die Sprache eines Feindes überhaupt erlernen zu wollen. Als die Spanier in Amerika landeten, verweigerten sie strikt, das Blabla der Wilden ernst zu nehmen, denn so konnten sie diese ungestraft abschlachten. Leider entgingen ihnen dabei so wertvolle Kulturschätze wie die Astronomie der Maya und die Zyklopenbauweise der Inka.

Auch der neuen Weltsprache Englisch wird es ähnlich ergehen wie dem Latein. Es wird zwar auf der ganzen Welt gesprochen, spaltet sich aber schon wieder auf. In den USA reden konservative Republikaner und liberale Demokraten schon völlig aneinander vorbei und spalten damit das Land. Nach der Wahl Trumps hat Kalifornien ernsthaft überlegt, aus den USA auszutreten. Die Sezession des Südens vor 150 Jahren könnte sich durchaus wiederholen. Damals reichten schon die verschiedenen Sprachen der Baumwollpflanzer des Südens und der Fabrikanten des Nordens aus, um den bis dahin blutigsten Krieg der Neuzeit auszulösen.

Nachdem sich in einer immer enger werdenden Welt immer mehr Fremde begegnen, haben immer mehr Menschen Probleme, ihre Paranoia in den Griff zu kriegen. Es reicht schon aus, wenn ein Psychisch Kranker verrücktes Zeug daherredet. Dann rufen wir die Polizei und sperren ihn in die Klinik. Denn wenn er schizophren ist, bringt er uns vielleicht in einem Anfall um. Das wollen wir nicht riskieren.

Angst vor dem Untergang

Unser Gehirn ist gar nicht so rational, wie wir gerne glauben. Vielmehr wird es anhand von evolutionären Trieben und Mustern organisiert, durch Vorurteile, Überheblichkeit, Gier und Angst. All diese Schwächen der Spezies Mensch hatten ursprünglich den Sinn, uns vor dem Gefressen-Werden zu bewahren. Ohne die vereinfachenden Muster in unserem Gehirn hätten wir nicht überlebt, als wir noch ein leckeres Gabelfrühstück für Löwen und Leoparden waren. Nur mit blitzschnellen Reflexen von Totstellen, Flucht oder Kampf konnte man damals überleben.

Überleben war überhaupt meist eine arschknappe Angelegenheit. Mehrmals stand die Menschheit kurz vor der Ausrottung. Dürrekatastrophen in unserer Urheimat Afrika, häufiger Klimawandel durch die Eiszeiten, ein Vulkanausbruch in Sumatra vor 70.000 Jahren – wir waren schon mehrmals auf einen genetischen Flaschenhals reduziert, wo es nur ein paar tausend Überlebende der Gattung Mensch gab. Kein Wunder, das wir die Angst vor dem Untergang ständig in die Zukunft projizieren.

Seitdem liegt die Angst vor der Apokalypse quasi in unseren Genen. Alle Propheten warnten davor, Jesus war davon überzeugt, Gott schickte uns die Sintflut, Pech, Schwefel und die 7 Plagen. Für das Jahr 1000 nZ war der Weltuntergang fix eingeplant, seitdem finden immer neue Sekten immer neue Untergangstermine. Manche waren richtig enttäuscht, als die Welt 2012 nicht unterging, obwohl der Maya-Kalender das doch fix versprochen hatte. Aber auf die Maya war halt ebenso wenig Verlass war wie auf all die anderen Termine des Armageddon.

Nachdem die Apokalypse nachweislich nicht kommt, warum fürchten wir uns immer noch davor?

Vielleicht, weil die Menschen alle anderen Menscharten (Neanderthaler, Denisova, erectus, floresiensis) und unzählige Tierarten ausgerottet haben. Da liegt es nahe, dass wir fürchten, dass irgendeine Macht auch uns den Garaus machen wird, wenn es nicht anders geht halt die Aliens aus „Independence Day".

Als die Menschen sich über die ganze Erde ausgebreitet hatten, gingen sie auch miteinander nicht zimperlich um. Wann immer eine Menschengruppe überlegen war, rottete sie bedenkenlos die Unterlegenen aus. So vernichteten Bantu-Völker aus Nigeria die Khoisan-Stämme Ostafrikas, die Weißen dezimierten die Indianer Amerikas und die Aborigines Australiens. Die Afrikaner überlebten nur, weil die Kolonialzeit zu rasch vorüber ging, als dass die skrupellosen Weißen alle Afrikaner hätten umbringen können.

Im Kongo starben immerhin 10 Millionen von 20 Millionen Kongolesen in der kurzen Herrschaft des Belgierkönigs Leopold

II., sie wurden wahllos massakriert oder verstümmelt, wenn sie nicht genug Kautschuk gesammelt hatten, mit welchem der Belgierkönig reich wurde. Im 1. und 2. Weltkrieg starben je 50 Millionen Tote und die faschistischen und kommunistischen Diktatoren brachten im 20. Jhdt. weitere 80 Millionen um.

In unserem kollektiven Unterbewusstsein sind also viele Katastrophen gespeichert und so lesen wir ängstlich jede Tageszeitung, ob und wann die nächste Krise ausbrechen wird. Darum sind schlechte Nachrichten gute Nachrichten für jede Zeitung, weil sie in der Regel die Auflage erhöhen. Propheten, die den Untergang vorhersagen, hatten zu allen Zeiten Hochkonjunktur, denn man kann ja nie wissen. Der Weltuntergang kommt zwar nicht, aber man verschiebt einfach das Datum, dann kann man sich von Neuem fürchten.

Uns Menschen gruselt´s halt gern, das liegt in unserem Wesen.

Warum freuen wir uns nicht über Schönes und Positives?

Das ist leicht erklärt. Die Angst vor der Katastrophe hatte in der menschlichen Evolution einen großen Vorteil. Wer ständig die Umgebung nach Gefahren absucht, wird wahrscheinlich Löwen und Leoparden rechtzeitig entdecken, um fliehen zu können. Wer sich über die schöne große Katze mit der prächtigen Mähne freut und sie streicheln will, wird totsicher gefressen. Naive Optimisten lebten einfach zu kurz, um ihre Gene weiterzugeben. Die Pessimisten haben recht, schlicht und einfach, weil sie überlebt haben und genug Kinder bekamen, um sich fortzupflanzen.

Panikmache

Für das Überleben war es von Vorteil, ständig auf alle Gefahren zu achten und mit dem Schlimmsten zu rechnen. Wenn dieses nicht eintrat, waren Freude und Erleichterung umso größer, alle beruhigten sich wieder und gingen zufrieden ihrem Tagwerk nach.

Unsere evolutionär bedingten Überlebensängste gingen aber eine unheilvolle Verbindung mit dem Machtstreben der Eliten ein. Anders gesagt: Die Mächtigen fanden bald heraus, wie sie auf unseren Ängsten Klavier spielen und damit die Masse der Menschen schwach und gefügig halten können.

Panikmache ist ein beliebtes Führungsinstrument. Die Katholische Kirche wurde groß und mächtig, weil sie ständig mit dem Weltuntergang drohte, und, als der sich partout nicht einstellen wollte, ihn ins Jenseits verschob. Seitdem fürchten sich alle vor der Hölle, wenn sie den Anweisungen der Bischöfe nicht Folge leisten. Als sich ein gewisser Martin Luther darüber maßlos echauffierte zeigte ihm die Kirche, was eine Harke ist. Die Drohungen wurden im Diesseits umgesetzt, Ketzer in der peinlichen Befragung gefoltert, Protestanten auf dem Scheiterhaufen verbrannt. (Auf dem Konzil von Konstanz verbrannte man Jan Hus trotz kaiserlicher Zusicherung des freien Geleits, dem genialen Giordano Bruno erging es auf dem Campo de Fiori in Rom genauso).

Folter ist bei Mächtigen sehr beliebt. Ob Gestapo, KGB, Securitate oder syrischer Geheimdienst – wenn man genügend Volksgenossen hinreichend quält, dann fürchten sich alle anderen so, dass sie den Mund halten. Und das ist schließlich der Zweck der Übung. Kein Wunder, dass nach einigen

Jahrhunderten der Scheiterhaufen die Leute schwarzsehen. Wortwörtlich. Denn niemand kann sich sicher sein, dass von ihm nicht bald nur ein kleines Häuflein Asche übrigbleibt.

Schwarzsehen ist allerdings schlecht fürs Denken. Denn wenn neues Denken lebensgefährlich ist, dann stellt man es eben ein. Panik und Angst töten die Kreativität ab. Mehr noch: Panik reduziert das Verhalten auf Überlebensinstinkte (Vulkanausbruch - Weglaufen, Überfall - Kämpfen, Ohnmacht - Erstarren). Zum Lösen der komplexen Zukunftsaufgaben ist Panik völlig ungeeignet. Das kennt jeder, der schon mal bei einer Mathematikschularbeit ein Blackout hatte.

Das war in den meisten Jahrhunderten schnöde Absicht. Die Masse sollte dumm bleiben, damit sie den Mund hielt, die Frauen wurden zu Gebärmaschinen degradiert, damit sie brav taten, was ihre Männer wollten. Geplante Dummheit als Herrschaftsmodell, das hat bis vor 50 Jahren bestens funktioniert.

Durch Schwarzsehen konnte man auch die wenigen Geistesgrößen wunderbar in Schach halten. Und als die an die Hölle nicht mehr glauben wollten, wurde die Angstmache eben wissenschaftlich untermauert: Haben Sie sich schon mal gefragt, warum nicht die bahnbrechenden Erkenntnisse des Galileo Galilei zum Bestseller wurden, sondern die düsteren Prophezeiungen des Nostradamus? Die halten sich seit 500 Jahren in den Charts, während von Galilei nur mehr Physiker eine Ahnung haben. Warum glauben die Menschen der Neuzeit lieber einem Scharlatan als einem genialen Physiker? Erraten — weil Nostradamus jede Menge Katastrophen prophezeit hat, die er angeblich bis ins Jahr 2100 vorausgesehen hat. Inzwischen können wir über diese Schmonzes lachen, es gibt schon 2 Päpste mehr als Nostradamus prophezeit hat, aber der gute Arzt aus St. Remy in der Provence hat die Menschen sage und schreibe 500 Jahre lang in Angst und Schrecken versetzt. Das ist die absolute Spitze für einen einzelnen Propheten. Wobei es nicht unwesentlich ist, dass Nostradamus der Arzt der französischen Könige war, die ein großes Interesse daran hatten, ihr Volk für dumm zu verkaufen, bis dies dem letzten König den Kopf kostete.

Nostradamus haben wir also mit etwas Glück überlebt, auch alle Apokalypsen von den Mayas bis zu den christlichen Propheten. Aber an ihre Stelle sind andere Propheten getreten und die gehen dem Zeitgeist entsprechend weitaus gefinkelter vor. Sie prophezeien uns seit 50 Jahren den Weltuntergang, wissenschaftlich bewiesen, durch Computermodelle errechnet und über jeden Zweifel erhaben: 1972 war ich aufgewühlt von den negativen Prognosen des Club of Rome und glaubte Dennis Meadows, dass unkontrolliertes Wirtschaftswachstum zum Untergang der Menschheit führen würde, da wir auf einem Planeten mit begrenzten Ressourcen leben. Den damals prophezeiten Peak Oil gibt es zwar immer noch nicht, aber dafür Klimaerwärmung und Artensterben. Irgendeine Katastrophe droht immer.

Weil wir Untergangsszenarien so massiv beachten, wird der Untergang der Welt seit 2000 Jahren mit ziemlicher Regelmäßigkeit als unmittelbar bevorstehend hinausposaunt. Fürchtete man früher den Zorn Gottes über die Sünden der Welt, so fürchtet man heute die Algorithmen der Computer und ihre schrecklichen Modellrechnungen für die unmittelbar bevorstehende Zukunft. Das Ziel der Apokalyptiker war zu allen Zeiten das gleiche: Man wollte durch Angstmache die sündige

Menschheit zur Umkehr bewegen. Aber dazu brauchen wir die Schwarzmalerei ja gar nicht. Positive Aussichten motivieren viel besser, sich für gute Ziele anzustrengen. Wenn Matthias Horx (2014) in seinen Megatrends belegt, wie bis 2050 die Lösungskapazität der Menschheit wachsen wird und danach die dann 9,5 Milliarden Menschen in ein neues globales Gleichgewicht einschwenken werden, dann ist das für mich sehr viel glaubhafter als alle falschen Prophezeiungen zusammengenommen.

Krieg gegen die Natur

Der Mensch passt sich seit 3 Mill Jahren an jede Klimakatastrophe und jede Umweltherausforderung an. So erfolgreich, dass es der Natur langsam schwerfällt, sich an den Menschen anzupassen, ohne dabei draufzugehen.

Seit 2 Millionen Jahren ist der Mensch ein Raubtier, ein höchst erfolgreiches noch dazu. Wo immer er auftauchte, rottete er die großen Pflanzenfresser aus. In Asien verschwanden die Mammuts, in Australien die großen Reptilien und Beuteltiere, in Nordamerika Riesenfaultiere und Wollnashörner, in Neuseeland die Moas. Inzwischen sind sich die Paläontologen einig, dass die Schuld der Menschen am großen Massensterben nicht mehr geleugnet werden kann (Hariri 2015).

Die Ausrottung geschah dabei gar nicht absichtlich. Große Tiere waren lange durch ihre Größe vor Raubtieren geschützt und brachten daher nur wenige Junge zur Welt, um das ökologische Gleichgewicht nicht zu gefährden. Das Raubtier Mensch konnte mit Wurfspeeren und Gruppenhetzjagd diese wenigen Jungen leicht erbeuten und so wurden die großen Tiere immer weniger, bis am Schluss keine mehr übrig waren.

Damit nicht genug. Entstanden als Savannenbewohner Ostafrikas, wandelte der Mensch sämtliche Ökosysteme aller Kontinente in riesige Savannen um, damit er dort Weizen, Soja und Mais anbauen konnte. Er hatte dabei nur den eigenen Vorteil im Sinn, was mit den anderen Lebewesen bei dieser Umgestaltung geschah, war ihm herzlich egal.

Heute beherrscht der Mensch die ganze Welt und beansprucht deren gesamte Biomasse als Nahrungsquelle. 90% der Biomasse der Landtiere besteht aus den Menschen und den Haustieren, die von Menschen gefressen werden.

Dieser enorme Erfolg der Menschheit macht viele schwummrig. Denn die Menetekel sind schon an die Wand geschrieben. Niemand kann uns garantieren, dass es uns nicht genauso ergeht wie den Tieren, die wir ausgerottet haben. Denn eine andere höchst erfolgreiche Gruppe der Säugetiere geht uns gerade als Mahnmal voraus.

Die größten Tiere aller Zeiten sind die Wale. Seit 50 Jahren setzt sich Greenpeace für die Wale ein und versucht, ihre Ausrottung zu verhindern. Wenn man so will, wurden die Wale zum Symbol für die Rettung der Natur. Was prädestiniert die großen Meeressäuger dafür, das Herz der grausamen Menschen zu erweichen?

Vielleicht, weil sie ein bisschen sind wie wir. Höchst erfolgreiche Räuber, die sich Dreiviertel der Erdoberfläche (so viel ist vom Meer bedeckt) untertan gemacht haben.

Bis vor kurzem war die Welt der Wale schwer in Ordnung. Sie hatten 40 Millionen Jahre lang die Ozeane erforscht und sich darin an die Spitze der Nahrungskette gesetzt. Sie konnten als Pottwale bis in die Tiefsee tauchen, als Blauwale waren sie unangreifbar groß, als Delphine so intelligent und sozial wie sonst nur die Menschen. Mit ihren tiefen Stimmen konnten sie quer durch ganze Ozeane miteinander kommunizieren.

Sie wussten sozusagen alles über ihre Welt und niemand konnte ihnen das Wasser reichen. Niemand würde sich mit ihnen anlegen. Dachten sie zumindest.

Doch dann kam der Mensch mit seinen Harpunen und brachte alle Walarten in kürzester Zeit an den Rand der Ausrottung.

So schnell kann sich alles ändern. Heute sind wir die Herren der Welt und können nur hoffen, dass niemand eine Harpune zur Ausrottung der Menschen erfindet. (Oder die von uns erfundene Atombombe zu eben diesem Zweck einsetzt).

Der Natur ist es egal. Sie hat schon so viele Arten kommen und gehen gesehen, dass es auf eine mehr oder weniger nicht ankommt.

Es ist also keine gute Idee, sich mit der Natur anzulegen. Denn seit 4 Milliarden Jahren bleibt diese der Sieger, ganz egal welche Katastrophen es zu überwinden gilt.

James Lovelock (1992) stellt sich die Erde als Lebewesen Gäa vor, das selbstregulierend auf sich selbst schaut. Gäa ist noch jede vorherrschende Tierart wieder losgeworden, gleich ob es sich um Riesenskorpione, Panzerfische, Dinosaurier oder Mammuts handelte.

Mit Gäa sollte man sich also nicht anlegen. Denn Heuschreckenschwärme, die alles kahlfressen, schüttelt Gäa ab wie einen Haufen Dreck. Das drückt ein alter Witz gut aus: Planet A beklagt sich beim Planeten B. Der fragt zurück, was er denn habe. Planet A: „Menschen!" Daraufhin Planet B: „Mach dir keinen Kopf, die hatte ich auch schon. Aber das geht vorbei!"

Wenn wir also keine Koexistenz mit der Natur finden, dann geht es uns wie den Dinosauriern, den Wollnashörnern und den Mammuts. Wir werden bald Geschichte sein und niemand wird mehr da sein, der unsere Geschichte schreibt, wenn wir unsere evolutionären Fehlentwicklungen nicht in den Griff bekommen.

Erkenntnis

Krieg, Macht, Bereicherung, Größenwahn, Feindbilder, Panikmache, das klingt doch alles sehr negativ, als würde die Geschichte vom Teufel angetrieben (Die Katharer im Mittelalter glaubten das tatsächlich, bei den damaligen blutigen Gemetzeln lag die Idee gar nicht so fern).

Doch die Natur wertet nicht. Alles ist wie es ist, kein Lebewesen ist gut oder schlecht, die Wertung, ob etwas nützlich oder schädlich ist, treffen nur wir Menschen. Alles hat Vor- und Nachteile, je nach Standort im Ökosystem. Was uns Menschen gut erscheint, ist für andere Arten meist gar nicht gut, oft sogar tödlich.

Selbst wenn wir nur die Menschheitsepoche wechseln, wird Gutes schlecht und umgekehrt. Was uns heute als Katastrophe erscheint, war für die Leute des Mittelalters normal und gottgewollt. Worin wir heute Schädliches erkennen, darin sahen die Menschen vor 1000 Jahren Positives: Krieg sorgte für Veränderung, Macht für Stabilität, Reichtum ermöglichte den Bau großartiger Kathedralen und Schlösser, durch Feinde gewann man Mut und Ruhm, die Furcht vor dem Zorn Gottes galt als Mittel zur Veredelung der Seele. Ohne Angst vor dem Jüngsten Gericht kein Fortschritt und keine Moral.

Viel skeptischer sah man damals die letzte Triebfeder der Menschheitsgeschichte, die für uns moderne Europäer das A und O des Fortschritts ist: unseren ständigen Drang nach Erkenntnis und neuem Wissen.

Für gute Christen hingegen war der Baum der Erkenntnis die Wurzel allen Übels. Wären wir doch naiv und gutgläubig geblieben, dann lebten wir heute noch im Paradies. Aber der Mensch muss ja ständig forschen und entdecken, wie alles funktioniert und warum. Wir können keine Fünf gerade sein lassen, sogar über unsere fünf Finger müssen wir philosophieren, wozu sie gut sind, ob sie nun Fischflossen sind, Greifgeräte der Affen, Werkzeugmacher oder Hilfsmittel zum Erlernen des Zahlenraums.

Aber wir können halt nicht anders. Seit 2 Mill. Jahren ist in unserem Gehirn doppelt so viel Platz wie bei unseren Verwandten und unsere Milliarden Neuronen wollen unterhalten werden. Vor allem unser Stirnhirn ist äußerst lästig und erfindet ständig neue Konzepte, Vorstellungen, Erklärungen, Gestalten und Fantasien. Unser Stirnhirnlappen treibt uns ständig vor sich her, wir müssen seine Ideen auch umsetzen und damit unser Umfeld verändern. Dadurch stressen wir uns selbst, weil wir unsere Öko-Nischen einfach nicht in Ruhe lassen können, deshalb müssen wir uns an neue Ökosysteme anpassen, die wir gerade erst selbst geschaffen haben. Ein wahrer

Teufelskreis! (Haben wir euch doch gesagt, würden die Katharer sagen, wenn man sie nicht alle umgebracht hätte).

Wie und warum auch immer. Erkenntnis ist der Haupttreiber der Menschheitsgeschichte. Erkenntnis erzeugt pausenlos neue Einsichten, Einblicke, Gegenstände, Gesellschaften, Ziele, Religionen, Ideologien, Gebäude, Welterklärungen. Erkenntnis führt zu Innovation. Und über einen Mangel an Innovation können wir uns derzeit ja nicht beklagen. Das Problem ist eher, dass die Innovation sich seit 200 Jahren exponentiell beschleunigt, sodass sogar unser Riesenhirn mit diesem Tempo langsam nicht mehr mitkommt. Wie die Zauberlehrlinge bekommen wir langsam Angst vor dem, was wir da angefangen haben. Die Frage, ob wir das Innovationstempo überhaupt noch sinnvoll regulieren können, wird entscheiden, ob wir die Menschheitsgeschichte gegen die Wand fahren oder zu einem neuen Gleichgewicht finden.

Ist jetzt alles geklärt? Mitnichten, denn ein letzter Treiber der Geschichte wird meist übersehen. Um ihn zu begründen, muss ich etwas ausholen, darum hebe ich ihn mir für den Schluss des Buches auf (siehe Kapitel VI), damit alle verstehen, was gemeint ist. Das zu erreichen, wird mir wohl nicht gelingen, aber einen Versuch ist es allemal wert, denn ohne den letzten Faktor werden wir der Geschichte nicht gerecht.

III. Der lange Weg zum Menschen

Die Evolution ist nicht perfekt. Sie experimentiert, macht Fehler, löscht diese wieder aus. Das ist bei uns Menschen nicht anders. Wir haben uns zwar erfolgreich über die ganze Welt ausgebreitet und in den letzten 200 Jahren exponentiell vermehrt. Wir haben Staaten gebildet und alle Kontinente mit Handel überzogen. Erkauft wurde all dieser „Fortschritt" aber mit einer Reihe von Fehlprogrammierungen, die uns derzeit allesamt als Krisen auf den Kopf fallen. Wenn man erfolgreiche Rezepte potenziert, kommt nicht immer etwas Besseres heraus, oft landet man in einer Sackgasse, wenn man ein altbewährtes Muster auf die Spitze treibt. Dinosaurier, Fischechsen und Mammute lassen grüßen. Waren alle sehr erfolgreich, sind alle ausgestorben.

Unser überschießendes Gehirn ist zwar einerseits die Ursache der meisten von uns verursachten Übel, andererseits aber auch eine Chance, dass wir Fehlprogrammierungen erkennen und durch einen Neustart verbessern. Dazu muss man allerdings die Altprogrammierungen durchforsten, um die Fehler zu entdecken, die es auszumerzen gilt. Mit Krieg, Machtstreben, Bereicherung, Panik und Naturzerstörung werden wir nicht mehr lange weiterkommen, auch wenn all dies in der Vergangenheit zu unserem Erfolgsrepertoire gehörte.

Durchforsten wir also nochmal die letzten 6 Millionen Jahre unserer Entwicklung, um die Stellen zu finden, wo wir möglicherweise falsch abgebogen sind und uns zu den „Ungusteln" entwickelt haben, vor denen sich heute alle Tierarten fürchten müssen.

Wir sind alle Schimpansen

Vor 7 Millionen Jahren spalteten sich die Schimpansen von den Gorillas ab und wurden zur erfolgreichsten Primatenart. Sie breiteten sich in ganz Afrika aus und bildeten viele Unterarten, von denen drei bis heute überlebt haben:

1. Die Schimpansen siedeln nördlich des Kongoflusses im gesamten Dschungelgebiet bis nach Westafrika

2. Die Zwergschimpansen (Bonobos) siedeln südlich des Kongoflusses.

3. Homo sapiens entstand in Ost- und Südafrika.

Schimpansen, Bonobos und Menschen unterscheiden sich in Körpergröße und Aggressionsbereitschaft:

Schimpansen sind patriarchalischer und aggressiver als Bonobos. Im direkten Kampf besiegen sie auch unbewaffnete Menschen spielend, weil sie stärkere Muskeln haben.

Bonobos sind friedlich und frauengeleitet. Die Weibchen halten den Clan durch Sex zusammen und lösen auch Konflikte mit anderen Clans mit schnellem Sex.

Aggressions- und Sexbereitschaft der Menschen liegen dazwischen. Auch bei uns halten die Frauen mit Sex die Clans zusammen (female choice), die Männer sind im Konfliktfall kämpferisch.

Die Bonobos bewegen sich in größeren Untergruppen, die von den Weibchen-Clans zusammengehalten werden. Sie setzen Sex und Harmonie zum Überleben ein. Die Schimpansen verjagen andere Clans, überfallen sie auch und erobern manchmal deren Territorium. Bei ihnen haben die Männchen das Sagen.

Die Australopithecinen waren so groß wie Schimpansen, hatten es aber in der Savanne mit gefährlichen Gegnern zu tun, während Schimpansen auf den Bäumen relativ sicher sind. Australopithecinen wurden regelmäßig von Löwen und Leoparden gefressen. Daher brauchten sie beide Strategien: viel promiskuitiven Sex, mit dem die Frauen die Clans zusammenhielten, aber auch kampfstarke Männerclans, die es mit den Löwen aufnehmen konnten. Konflikte im Clan konnten sich die Hominiden nicht leisten, wenn sie gegen die Beutegreifer bestehen wollten, daher waren die Sex-Bande der Frauenclans ebenso wichtig wie die Aggressivität der Männer. Die Hominiden-Clans wurden daher bis hinauf zum Homo sapiens von der „female choice" zusammengehalten, bei der die Frauen die Männer zum Sex einluden und Wohlverhalten mit Sex belohnten. Darum sind Frauen zu multiplen Orgasmen fähig, um bei Bedarf die Männer mit Sex zu beruhigen.

Als der mit dem Speer bewehrte Homo sapiens jeden Feind besiegen konnte, blieb zunächst die weibliche Clan-Organisation erhalten, denn sie war höchst geeignet, um immer komplexere soziale Strukturen aufzubauen. Die sozialen Fähigkeiten der Menschen sind nach wie vor bedeutsam als Zuwendung, Liebe, Bestärkung, soziale Sicherheit in der Gruppe, diplomatische Kommunikation und vieles mehr. Die sozialen Talente der Frauen kommen inzwischen sogar Großunternehmen zugute, wenn sie von Frauen geführt werden.

Nur in den Hungersnöten am Ende der Eiszeit fielen die Menschengruppen in das Aggressionsverhalten der Schimpansen zurück und entwickelten patriarchale Gewaltstrukturen. Dies ist ein Atavismus für Extremzeiten, ungeeignet für den Aufbau komplexer Gesellschaften. Die innerartliche Aggression hat die Reduktion der Zahl der Konkurrenten zum Ziel und führt damit unweigerlich zum Zusammenbruch großen Populationen. Wenn wir also weiter auf Aggression setzen, dann werden unsere Untergangsvisionen Wirklichkeit.

Die sozialen Fähigkeiten der Frauen sind aber immer noch da. Wenn wir aus unseren Untergangsängsten aussteigen, die uns Männer so aggressiv machen, können wir so friedlich und lustvoll leben wie die Bonobos.

5 Millionen Jahre Entwicklung der Hominiden

Bis vor 5 Mill Jahren konnten sich die Australopithecinen noch mit Schimpansen kreuzen und taten dies auch. Damals hatten sich die Schimpansen in eine Reihe von Unterarten aufgespalten. Es gab Schimpansen, Ardipithecinen und verschiedene Australopithecinen. Die Schimpansen blieben im Dschungel und bewegten sich auf Beinen und Armen, wobei sie sich am Boden auf den Fingerknöcheln von Zeige- und Mittelfinger abstützten. Australopithecinen besiedelten die Savannen, die sich damals stark ausbreiteten.

Die Australopithecinen hatten ein Problem, das die Schimpansen nicht kannten. Fühlten sich jene auf den Bäumen relativ sicher, so fielen die ersten Vormenschen reihenweise den Löwen, Leoparden, Geparden, Hyänen und Krokodilen zum Opfer. Man hat ihre Schädel mit Abdrücken von Leopardenzähnen gefunden, die wohl entstanden, als die Leoparden ihre Beute abschleppten, um sie später verspeisen zu können. Der Überlebensdrang zwang unsere Vorfahren zum aufrechten Gang, um schneller laufen und die Gefahr früher erkennen zu können, sowie zum sozialen Zusammenhalt. Nur in großen Gruppen von 30 bis 150 Individuen konnten sich die Urmenschen der Raubtierrudel erwehren, indem sie Steine auf sie waren und mit Stöcken zuschlugen. Das schreckte Raubtiere aber nicht ab, wie bei Huftierherden versuchten sie, Schwache und Junge von der Gruppe zu isolieren, dann waren diese leichte Beute, viel leichter zu jagen als die riesigen Huftierherden mit ihren gefährlichen Hörnern und Hufen und sehr schnell laufen konnten sie trotz neugebauter Beckenschaufeln auch noch nicht, höchstens auf Bäume klettern, aber die waren ja in der Savanne nicht immer zu finden.

Unsere Existenz als bevorzugte Beute der Löwen währte zwei Drittel unserer Existenz und brachte uns einen ordentlichen Minderwertigkeitskomplex ein. Noch heute fühlen wir uns schnell als Opfer von bösen Feinden, die uns töten wollen. Kein Wunder, 3 Millionen Jahre lang waren wir das ja auch.

Anders als die gemütlichen Gorillas im Nebel der Warunga-Berge konnten die Australopithecinen nicht den lieben langen Tag lang vor sich hinfressen und Früchte und Blätter kauen. Fand man etwas, musste man schnell zupacken, fressen und davonlaufen, die Paviane machen das heute noch so. Verständlich, dass die Vormenschen auf Nahrung aus waren, die schnell satt macht. Irgendwann entdeckten sie, dass man mit Steinen die

Röhrenknochen vom abgenagten Aas aufbrechen und das nahrhafte Knochenmark essen konnte. Wenn man die Faustkeile ein bisschen zuspitzte, ging das noch besser. So entstand vor 2,5 Mill Jahren der Stein-bearbeitende Homo habilis.

In meiner Kindheit büßte ich für diese atavistische Gewohnheit der Vormenschen, denn meine Mutter setzte uns Brüdern täglich eine warme Rindssuppe vor, die für mich immer noch nach Aas roch (Das Mark wurde aus den Knochen herausgekocht, immerhin sorgte das Feuer des Herdes für Desinfizierung, trotzdem verweigerte ich diese Vormensch-Ernährung und aß die Suppe nicht, dann kam die Geschichte vom Suppenkaspar und ich würgte sie doch hinunter. Mein Bruder behauptet seitdem, der Mensch sei nie ein Fleischesser gewesen und solle bei der Blätter- und Obst-Ernährung der Gorillas bleiben).

Durch Absplittern wurden die Faustkeile immer spitzer und schärfer, man konnte die Stöcke zuspitzen und zu Speeren veredeln. Das war der Durchbruch vom Beute- zum Raubtier, vom Opfer zum Täter. Vor 2 Mill Jahren wurde Homo erectus zum Jäger, Beine, Rumpf und Arme streckten sich und der ganze Körper wurde zu einer riesigen Speerschleuder. Jetzt mussten sich die Löwen und Hyänen vor uns in Acht nehmen und das tun sie heute noch, jedenfalls die, die überleben wollen. Aus den Speeren wurden Pfeile, Schwerter, Kanonen, Raketen. Aus dieser rasanten Veränderung erklärt sich vielleicht unsere Persönlichkeitsmischung aus Opferangst, Täterwut, Minderwertigkeit und Größenwahn, die der Umwelt seit 2 Millionen Jahren immer gefährlicher wird.

Die Ausbreitung des Menschen

Doch die Menschen waren nicht immer so brutal, wie sie es heute sind. Menschen der Gattung Homo sapiens gibt es seit 200.000 Jahren, bis vor 5000 Jahren lebten sie friedlich und eingebettet in ihre Ökosysteme, ohne die Macht, diese zu zerstören. Das Machtstreben ist eine späte Degeneration unserer Verhaltensbiologie, die durch die Erfindung immer gefährlicherer Waffen völlig entartet ist.

Doch was ist mit dem Raubtier Mensch, mit dem Recht des Stärkeren, mit dem Krieg als Vater aller Dinge, mit dieser Apologie der Macht, an die heute noch so viele glauben?

Das Bild vom Menschen, der dem Menschen ein Wolf ist, beginnt sich erst langsam zu wandeln, seitdem Evolutionsbiologie und Paläogenetik einen Blick tief in die Vergangenheit erlauben. Seit das Humangenom vor 20 Jahren entschlüsselt wurde, werden weltweit die Genome verschiedener Menschengruppen verglichen. Daraus ergibt sich ein klares Bild der Wanderungsbewegungen, durch die sich die Menschheit über die ganze Erde ausgebreitet hat.

Vor 100.000 Jahren gab es 5 verschiedene Hominiden-Arten auf der Welt:

1. Homo sapiens besiedelte Ost- und Südafrika

2. Homo X besiedelte Westafrika

3. Die Neandertaler siedelten in Europa und im Nahen Osten

4. Homo denisova besiedelte Asien

5. Homo floresiensis lebte auf der Sunda-Insel Flores,

Diese Hominidenarten hatten sich aus Homo heidelbergensis entwickelt, der vor 800.000 Jahren aus dem Homo erectus hervorgegangen war. H. erectus und H. heidelbergensis hatten sich ab 2,1 Mill vZ aus Afrika kommend über ganz Eurasien ausgebreitet.

Der zwergwüchsige Homo floresiensis war wahrscheinlich ein überlebender Homo erectus, der sich nach Indonesien zurückzog und durch Zwergwuchs auf einer einzigen Insel überlebte, bis vor 18.000 Jahren, andere meinen bis vor 60.000 Jahren, da streiten die Gelehrten noch.

Die 4 anderen Arten waren genetische Brüder. Sie entstanden alle durch Anpassung an regionale ökologische Bedingungen.

Vor 100.000 bis 70.000 Jahren breitete sich Homo sapiens in den Nahen Osten aus und wanderte von dort weiter bis nach Australien. Die rasche Ausbreitung verlangte nach einem neuen Bewältigungswerkzeug: Die Mythen und Vorstellungen von der Welt mussten rasch an neue Landschaften und Umweltbedingungen angepasst werden. Viele Generationen des H. sapiens erlebten, dass sich ihre Welt völlig veränderte: Aus dem äthiopischen Hochland kamen sie in die Wüsten Arabiens, dann ins Sumpfland der Persischen Golfs, dann in die iranische Hochebene, das Indus-Tal, in die indische Monsunregion, die indonesischen Dschungelgebiete und schließlich nach Australien mit seiner einzigartigen Flora und Fauna. Aus diesen Erfahrungen entstand wohl die Vorstellung von unbekannten Welten, die es noch zu besiedeln gab, Welten, die man nicht kannte. Fantasie und Abstraktion befeuerten die Mythenwelt, H. sapiens begann sich Dinge auszudenken und zu verwirklichen, für die es kein Vorbild in der Natur gab. Diese Beweglichkeit des Denkens bewirkte wohl die Überlegenheit gegenüber den anderen Hominiden, die meist in ihrem angestammten Biotop verblieben und daher ein starreres Weltbild hatten.

Die ältesten Menschenvölker sind die Khoisan in Südwestafrika, sie leben immer noch so wie unsere Vorfahren vor 100.000 Jahren. Ihr Weltbild ist einfach: Die Welt besteht aus all dem, was sie tatsächlich gesehen haben. Dort wo ihr bekanntes Stammesgebiet aufhört, ist der Rand der Welt, an dem stürzt man ins Bodenlose. Drum gehen die Khoisan nie zum Rand der Welt, das wäre viel zu gefährlich.

Die zweitälteste Menschengruppe bilden die australischen Aborigines. Sie stammen von der ersten Auswanderungswelle aus Afrika ab, ihre Vorfahren haben all die oben beschriebenen Landschaften durchwandert und dabei die hochkomplexe Philosophie der „Traumzeit" entwickelt, in die sie sowohl alle Landkarten als auch alle historischen Entwicklungen hineinprojizieren. Sie haben die älteste und genaueste mündliche Überlieferung der Welt.

Auf den Wanderungsbewegungen „Out of Afrika" schweißten gemeinsame, immer komplexere Ahnenmythen immer größere Gruppen zusammen, Homo sapiens bildete Clans von bis zu 150 Mitgliedern. Durch die schiere Zahl verdrängte er die angestammten Hominiden an den Rand der jeweiligen Biotope.

Restbevölkerungen gingen in den Homo sapiens Gruppen auf, so kam es zu regionalen Vermischungen, die sich heute noch im Humangenom nachweisen lassen.

1. Im Nahen Osten kam es zu Vermischungen mit Neandertalern. Deren Gene lassen sich im Genom aller heutigen Eurasier nachweisen (2 – 4%). Auf alle Eurasierpopulationen verteilt finden sich insgesamt 20% der ehemaligen Neandertaler-Gene.

Manchmal begegnet man Menschen, deren Augenwülste und Nasen tatsächlich an Neandertaler erinnern, denn bei einzelnen Individuen kann es fallweise zur Häufung von Neandertal-Genen kommen.

2. In Asien kam es zur Vermischung mit Homo denisova, von denen sich bei einzelnen Völkern bis zu 4,5% Gene finden, besonders bei den Melanesiern östlich von Papua-Neuguinea.

3. In Afrika finden sich bei manchen Völkern Gene von Homo X. Über den weiß man zwar sonst nichts, es gibt auch keine Skelettfunde, es muss ihn aber gegeben haben, anders kann man sich die verschiedenen Genome der Afrikaner nicht erklären. Die Entdeckung von Homo X legt nahe, dass der Anteil der Neandertal-Gene im Genom der Eurasier viel höher anzusetzen ist als bis jetzt gedacht.

Durch die Genomforschung hat man nun ein klares Bild bezüglich der menschlichen „Rassenkunde". Die letzten 40 Jahre stritten sich die Anthropologen, ob Homo sapiens in Afrika oder an mehreren Orten der Welt entstanden ist. Diesen Streit gewann zunächst die "Out of Afrika"-Hypothese. H. sapiens ist definitiv in Afrika entstanden. Nachträglich hat aber auch die „multiple origin"-These Recht bekommen. Das Aussehen der menschlichen Rassen ist einerseits durch die Sonneneinstrahlung bestimmt, nach der sich die Pigmentierung der Haut richtet, diesbezüglich gibt es keine Rassen. In Europa, Asien und Westafrika kam es aber zu Vermischungen: Bei Weißen in Europa und Nahost spielen die Neandertaler-Gene eine Rolle, in Asien die Denisova-Gene, in Westafrika die X-Gene. Die in Afrika entstandenen Menschen variierten ihr Aussehen durch Vermischung, sodass sie äußerlich als verschiedene Rassen erscheinen. Das verschiedene Aussehen der Menschen hat damit zu tun, dass Homo sapiens die Reste aller anderen Hominiden in sein Genom aufgesogen hat. Nachdem dies nunmehr genetisch belegt ist, ist es wahrscheinlich, dass ein ähnlicher Prozess auch zum Verschwinden früherer Hominiden-Arten geführt hat. Da sich Primatenarten noch in der Phase der Auseinanderentwicklung paaren können, ist dieses Aufsaugen älterer Arten wohl immer wieder passiert. Wir haben sogar noch Schimpansen-Gene in unserem Genom, weil sich Urmenschen und Schimpansen bis vor 5 Mill Jahren paarten. Also ist es wohl keine Frage, wohin die vielen Australopithecus-Gene verschwunden sind, es lässt sich heute nur schwerer nachweisen, da es keine Australopithecus-Vormenschen mehr gibt.

Die matrifokale Gruppensteuerung

Gott sei Dank ist die Aggressivität der kampferprobten Männer nur die eine Seite der Menschheits-Medaille. Denn nicht nur das Kämpfen entwickelte sich weiter, sondern auch der soziale Zusammenhalt. Wir erinnern uns: Ohne starken Gruppenzusammenhalt wären die Australopithezinen schlicht und einfach gefressen worden und es gäbe uns Menschen gar nicht.

Alle erfolgreichen Säugetiere bilden soziale Gemeinschaften, um zu überleben. Das gilt für Wale, Elefanten, Menschen, Moschusochsen, Pferde, Rinder, Präriehunde, Wölfe und unzählige andere mehr.

Soziale Gemeinschaften sind bei nahezu allen Säugetieren matrifokal organisiert, um das Überleben der Jungen zu sichern.

Das gilt für Walkühe, Stuten, Elefantenkühe, Primaten und alle anderen Arten von Kühen bei sämtlichen Huftieren.

Bullen sind manchmal dabei, oft aber auch nicht. Ob die Kühe die Bullen in ihrer Herde dulden, hängt von ihrer relativen Größe im Verhältnis zur Gefahr für die Jungen ab.

Elefanten- und Walkühe sind so riesengroß, dass die Herde der Kühe völlig genügt, um einen Kreis um die Jungen zu bilden und Raubtiere fernzuhalten. Löwen ziehen meist den Kürzeren, wenn sie sich mit Elefanten anlegen, die von einer Leitkuh angeführt werden.

Bei großen Walen ist es genauso. Die hatten bis zum Erscheinen der Walfänger vor 150 Jahren schlicht und einfach keine Feinde. Männliche Elefanten und Wale sind daher Einzelgänger oder finden sich zu männlichen Gruppen zusammen.

Bei mittelgroßen Tieren ist dies anders, weil sie durchaus Angriffe von Raubtieren fürchten müssen, die versuchen, eines der Jungen zu isolieren und zu fressen. Pferde und Gorillas dulden daher ein männliches Leittier, das vor allem für die Verteidigung zuständig ist. Außerdem ist es praktisch, wenn der Gorilla-Silberrücken Konkurrenten abwehrt, das minimiert die ständige sexuelle Belästigung, an der Frauen nun mal wenig interessiert sind.

Bei kleinen Tieren sind viele Männer für den äußeren Verteidigungsring notwendig und werden daher durch häufigen Sexualkontakt ans Rudel gebunden. Schimpansen und Australopithecinen waren klein und konnten Beutegreifer nur durch ihre große Anzahl abwehren. Aus dieser Zeit haben manche Menschen noch die Neigung zur Promiskuität, denn Paarbindung wäre damals völlig nutzlos gewesen.

„Klein" ist dabei relativ zur Größe des Raubtiers. Moschusochsen in der Arktis sind zwar groß, die Eisbären aber noch größer. Mit einem Moschusochsen werden ein paar Eisbären spielend fertig, die Hörner vieler Moschusochsen sind aber ein respektabler Gegner.

Bei einem solchen Gleichstand der Waffen entwickeln Säugetiere eine Verteidigungsstrategie aus drei Kreisen, die sich bei Moschusochsen gut beobachten lässt.

Den inneren Kreis bilden die Jungen, die beschützt werden.

Den mittleren Kreis bilden die Kühe als 2. Verteidigungslinie.

Den äußeren Kreis bilden die starken Bullen, die die Eisbären vertreiben.

Wenn ein starker Moschusochse auf einen Eisbären zugaloppiert, zieht der meist den Kürzeren oder gleich freiwillig Leine. Wegen dieser erfolgreichen Abwehr haben sich die Eisbären auf das Belauern von Robben verlegt, obwohl Moschusochsen die viel lohnendere Beute wären.

Die Weibchen steuern im Tierreich den sozialen Zusammenhalt, je nach Notwendigkeit für das Überleben der Kinder. Dies haben männliche Forscher oft falsch interpretiert: Es ist ein lustiges Missverständnis, dass Männer glauben, die Gorilla-Silberrücken hätten ein sexuelles Harems-Paradies mit vielen Frauen und viel Sex. Das Gegenteil ist wahr, das wurde an der Hodengröße vermessen. Gorillas haben die kleinsten Hoden, Schimpansen (proportional zum Körper) die größten, menschliche Männerhoden sind mittelgroß. Schimpansen haben viel Sex, weil alle mit allen koitieren, Gorillas am wenigsten, weil die Gorilla-Weibchen nur koitieren, wenn sie schwanger werden wollen. Im

Vergleich zu Schimpansen und Australopithecinen hat bei den Menschen die Sex-Frequenz abgenommen, allen Männerfantasien zum Trotz. Denn je häufiger der Sex, desto mehr Sperma muss produziert werden, desto größer sind die Hoden.

Die weibliche Gruppensteuerung der Säugetiere (female choice) wird durch neue Beobachtungen in Afrika bestätigt: In letzter Zeit haben Elefantenbullen Wilderer angegriffen und zertrampelt, wohl um Kühe und Junge zu beschützen. Dies ist ein Anzeichen dafür, dass die Elefantenkühe zur Leitbullen-Strategie wechseln, weil sie nach 150 Jahren Großwildjagd erkannt haben, dass sie ohne Bullen die Jungen nicht mehr ausreichend schützen können. Uneinsichtige Großwildjäger lernen es nur auf die harte Tour, dass Niederballern keine Heldentat mehr ist, wenn der eine Fernwaffen und der andere nur Stoßzähne hat.

Female Choice ist übrigens auch bei Grillen, Pfauen, den meisten Vögeln (die Vogelmännchen brauchen das bunte Gefieder, um die Frauen zu beeindrucken) und bei Nilflughunden nachgewiesen (Bei denen kommen Männchen nur zum Zug, wenn sie die Weibchen mit besonders leckerer Beute füttern, Die Presse, 2.6.19, S24)

Das Bevölkerungs-Gleichgewicht

Ökosysteme streben nach einem Gleichgewicht zwischen der Nahrungsbasis und der Zahl der Fressfeinde. Bei Pflanzenfressern sorgen die Raubtiere für die Reduktion der Individuen, sodass die Savanne nie überweidet wird. Raubtiere, die meist keine natürlichen Feinde haben, haben zwei Möglichkeiten, ihre Zahl zu begrenzen:

Wenn Löwen zu viele Beutetiere fressen, finden sie keine Nahrung mehr und ein Teil der Löwen verhungert.

Bevor es zu einem Überkonsum kommt, töten Löwen die Jungen von Rivalen, um die Überlebenschancen der eigenen Nachkommen zu verbessern.

Große Pflanzenfresser ohne natürliche Feinde greifen zur natürlichen Geburtenregelung durch Chemotaxis. Elefanten und Nashörner haben immer nur ein Junges, das sie jahrelang großziehen. Das Weibchen hat erst wieder einen Eisprung, wenn das Junge es nicht mehr braucht. Als Homo erectus durch die Erfindung des Speers alle Feinde abwehren konnte, verlängerten die Menschenfrauen die Still- und Tragzeit so lange, dass sie nur alle paar Jahre ein Kind bekommen konnten. Solange sie stillten, blieb der Eisprung aus. Der Körper der Frau bestimmte also, wann sie schwanger wurde und wann nicht.

So kam es in der Urzeit nie zu einer Überweidung der Nahrungsbasis der Menschen. Ein aggressives Töten von Artgenossen war überflüssig, weil die Frauen so wie Elefanten- und Nashörnkühe für ein Bevölkerungsgleichgewicht sorgten.

Durch den Getreideanbau in Anatolien gab es erstmals einen Bevölkerungsüberschuss und damit eine Hungersnot, wenn das Getreide in einer Dürre ausblieb. Dies brachte das Gleichgewicht durcheinander und veränderte das Verhalten der Männer, die durch den Speer raubtierähnlich geworden waren, in Richtung Aggression gegen die eigene Art.

Wie wir unser biologisches Gleichgewicht verloren

Bis 6200 vZ blieb in allen Human-Stämmen das Gleichgewicht zwischen Frau und Mann erhalten. Die Verteidigungskreise wurden in Ringtänzen ritualisiert, die es heute noch in den meisten Kulturen gibt. Im inneren Kreis tanzen die Frauen, im äußeren Kreis die Männer, die meisten Tänze sind von Werbung und fröhlichem Flirten begleitet.

Bei Gefahr tanzten die Männer Kriegstänze, in Trance fuhren sie ihre Testosteron-Produktion hoch, um mutig und schmerzunempfindlich zu werden. Die gesteigerte Aggression wandte sich nach außen gegen die Feinde. Das ging gut, bis die Klimakrise am Ende der Eiszeit alles durcheinanderbrachte.

6200 vZ brachen die großen Eisstauseen Nordamerikas in den Nordatlantik durch, der Golfstrom blieb für 100 Jahre aus, die Getreidefelder im mittleren Osten verdorrten.

In der Hungerkrise 6200 vZ wandte sich die Aggression nach innen gegen Frauen und Kinder. Es gab keine äußeren Feinde mehr, die starken Auerochsen waren domestiziert, der lebensgefährliche Feind war plötzlich der Hunger. Die Männer sahen plötzlich in den Frauen und Kindern Konkurrenten um die schwindenden Nahrungsmittel. Sie ließen sie zurück, ließen manche verhungern, unterdrückten die anderen. Der egoistische Selbsterhaltungstrieb der Männerbünde führte zur Unterdrückung und Abwertung der Frauen.

Seitdem haben wir den Kampf der Geschlechter, der bis heute ungelöst ist und seit kurzem erst in der „MeToo"-Debatte wieder hochkocht (siehe Kapitel V). Ein rein Menschen-gemachtes Problem, das bei Säugetieren unbekannt und ungewöhnlich ist.

Bei den partnerschaftlichen Vögeln würde unser Sexismus nur auf völliges Unverständnis stoßen, aber die haben Wichtigeres zu tun, als sich über verrückte Menschen den Kopf zu zerbrechen.

Dabei hat uns die Evolution eigentlich auf Zuneigung zwischen Mann und Frau geprägt, die für den Schutz der Kinder notwendig ist. Im Allgemeinen finden wir das andere Geschlecht ästhetisch und attraktiv. Aus gutem Grund:

Der körperliche Dimorphismus von Mann und Frau diente in unserer Evolution dem Erhalt der Sippe. Männer haben starke Muskeln und lange Gliedmaßen, um im äußeren Kreis die Feinde fernhalten zu können. Beim Homo erectus streckte sich der Körper der Männer und wurde zu einer großen Stein- und Speerschleuder. Darum wählen Frauen gern große, muskulöse Männer als Sexualpartner.

Frauen haben kürzere Gliedmaßen und eine dickere Unterhautfettschicht, um im inneren Kreis die Kinder möglichst lange stillen und tragen zu können. Darum sind weiche Kurven von Frauen für Männer erotisch attraktiv.

In der Nahrungsdefizit-Überbevölkerungs-Krise entgleiste der Dimorphismus. Ähnlich den Raubtieren hatten die Menschen drei Möglichkeiten:

Sie konnten verhungern, bis wenige Überlebende wieder genug Nahrung hatten.

Sie konnten sich durch Seuchen dezimieren lassen.

Sie konnten Artgenossen töten, um die Zahl der Individuen möglichst schnell zu verringern.

Die Männerbünde entschieden sich für die dritte Möglichkeit, die innerartliche Aggression. Dadurch entstand in Anatolien die 1. Stufe des Patriarchats, wo Nahrung plötzlich nicht mehr gleich verteilt wurde. In Südrussland entstand die kriegerische Hierarchie als 2. Stufe des Patriarchats, wo eine männliche Oberschicht alle anderen Teile der Bevölkerung ausbeutete und unterdrückte.

Die patriarchale Trauma-Reaktion ist ein atavistisches Zurückfallen in uralte Überlebensmechanismen, die in der Natur nur in extremen Bedrohungssituationen vorkommen, wenn akute Lebensgefahr besteht. Innerartliche Aggression bis zum Extrem des Kannibalismus kommt vor allem dann vor, wenn die Nahrungsbasis zum Überleben aller nicht reicht. Spinnenweibchen fressen die Männchen gleich nach der Kopulation auf, weil sie nicht mehr gebraucht werden. Wenn sie die Eier gelegt haben, sterben auch die Weibchen und werden von ihrer Brut aufgefressen. Dies klingt brutal, ist aber die einzige Möglichkeit, dass die Jungen über den kalten Winter kommen. Nur die Verwertung der Körper von Vater und Mutter garantiert genug Kalorien für das Überleben der Jungen.

Wüstenfrösche in Nordamerika greifen zu ähnlich radikalem Kannibalismus. Sie überleben jahrelang in Erdhöhlen in einer winterschlafähnlichen Starre, solange es nichts zu fressen gibt, weil ohne Regen nichts wächst. Bei den ganz seltenen Wolkenbrüchen kommen sie aus den Höhlen, legen ihre Eier in die Pfützen und fressen das aufkeimende Gras. Die Kaulquappen in den rasch vertrocknenden Tümpeln fressen sich gegenseitig auf, weil die geringe Biomasse der Tümpel nur für wenige Frösche reicht, die übrigbleiben, wenn der Tümpel trockenfällt. Die vergraben sich dann wieder für Jahre in Erdhöhlen.

In extremen Hungersituationen ist innerartliche Aggression notwendig für das Überleben. Wenn die Gefahr gebannt ist, verschwindet sie normalerweise wieder. Im Patriarchat entstand aber ein permanenter Trauma-Kreislauf. Seit 6000 bis 7000 Jahren wird die patriarchale Gesellschaft dauertraumatisiert, sowohl durch Hunger als auch durch Gewalt. Die gewaltsame Unterdrückung der Frauen traumatisiert Frauen und Kinder schon in der perinatal prägenden Zeit. In Schwangerschaft und Säuglingszeit werden traumatische Angstmuster in das kindliche Gehirn eingebrannt und machen sowohl ängstlich als auch aggressiv. Dadurch erhöhen sich der Testosteron-Spiegel der Männer und der Cortisol-Spiegel der Frauen. Ersteres zerstört die männliche Kompromissfähigkeit, letzteres schwächt die körperliche weibliche Gesundheit. Da Patriarchen für ihre Siege möglichst viele Krieger brauchten, erzwangen sie eine weibliche Dauerfruchtbarkeit, die mit dem Willen Gottes begründet wurde. Daraus entstand ein Bevölkerungswachstum, das zur Überweidung der Nahrungsbasis und zum ökologischen Zusammenbruch aller großen Zivilisationen der Vergangenheit führte. Die Maya, die Khmer, Ägypten und Mesopotamien um 2000 vZ, die Bronzezeitkulturen um 1200 vZ, die Römer um 500 nZ – alle großen Zivilisationen brachen am Ende durch Klima- und Hungerkrisen zusammen. Bei starkem Bevölkerungswachstum wirkten Seuchen als Regulativ, sowohl die Pestepidemien der Antike als auch die große eurasische Pest im 14.Jhdt. nZ verschafften der Natur vorübergehend eine Atempause vom Bevölkerungsdruck der Menschen.

Der patriarchalische Teufelskreis aus Expansion, Bevölkerungsdruck und Zusammenbruch konnte in den letzten 6000 Jahren nie zur Ruhe kommen, da die menschliche Intelligenz die Gleichgewichtsregulative immer wieder außer

Kraft setzte. Wenn eine Nahrungsbasis aufgefressen war, nahm sich der Mensch einfach das nächste Ökosystem vor, bis auch das leergefressen war. Nachdem das Land nicht mehr ausreichte, fischten wir die Meere leer. Nachdem wir alle Tiere versklavt haben, denken wir über Insekten als Nahrung nach. Bis wir die ganze Erde kahlgefressen haben wie ein Heuschreckenschwarm.

Seuchen sind die Notbremse der Natur gegen artenvernichtende Heuschreckenschwärme. Im 19. Jhdt. breiteten sich im übervölkerten Europa Typhus, Diphterie und Pocken aus, die ähnlich regulierend gewirkt hätten wie 500 Jahre früher die große Pest. Da entdeckte die Medizin Impfungen, antibakterielle Hygiene und Antibiotika, was zur größten Bevölkerungsexplosion aller Zeiten führte.

Der Traumatisierungs-Teufelskreis, der sich durch Bevölkerungszuwachs immer weiter verschärft, verschärft auch die patriarchalen Strukturen, die sich in immer mehr Lebensbereichen und Weltregionen ausbreiten und die Öko-Krise des 21. Jhdt. verursachen.

Der Mensch als Leittier

Der Mensch steht an der Spitze der Nahrungskette und ist damit das Leittier, wo immer er ein Ökosystem bewohnt. Ein Leittier darf das Ökosystem gestalten, muss es aber auch verantwortungsvoll sichern, wenn es überleben will.

Bis vor 40.000 Jahren waren auf allen Kontinenten Elefanten die Leittiere. Als Mammute wühlten sie mit ihren großen Stoßzähnen die Tundra so durch, dass alle Arktisbewohner genug Gras zum Fressen fanden. Dummerweise rotteten die Urmenschen die Mammute aus und so verfiel die Tundra zu Sumpfland und Birkensteppe. Mit den Mammuten verschwand auch die reiche subarktische Fauna aus Wollnashörnern, Riesenhirschen und Höhlenbären.

Die Urmenschen wussten noch nicht, dass es keine gute Idee ist, eine Leittierart auszurotten. Russische Wissenschaftler haben das sehr wohl begriffen und versuchen nun, die Mammuttundra wiederaufzubauen, indem sie mit Planierrauben regelmäßig die Sümpfe verdichten, so wie es einst die Mammutbeine taten. Die Forscher wollen genetisch wiederbelebte Mammute oder mammutähnliche Elefanten wieder im Norden anzusiedeln, um die Bioproduktion der Tundra so hochzukurbeln, wie es zu Mammutzeiten der Fall war.

Auch die Walfänger der letzten 150 Jahre verstanden nicht, dass sie mit dem Walfang die Meeresbiotope zerstörten, weil der Wal-Dung die maritimen Ökosysteme in Gang hält. Gott sei Dank erkannte Greenpeace die Gefahr und erzwang ein Walfangmoratorium, bevor der letzte Wal geschlachtet war. Damit entdeckten die Rainbow-Warrior auch den besten Weg, um die sterbenden maritimen Ökosysteme zu retten.

Wir müssen die Leittiere am Leben lassen und die ökologischen Kreisläufe respektieren. Nur dann stehen wir als oberstes Leittier über allen anderen und dürfen die Nahrungsüberschüsse abweiden, solange wir die Ökosysteme nachhaltig überleben lassen. Entgegen allen dummen Jagd- und Überlegenheitsfantasien ist das auch für 10 Milliarden Menschen möglich, die Biomasse des Planeten reicht völlig aus, um uns alle zu ernähren. Wir dürfen uns nur nicht so idiotisch und verschwenderisch aufführen wie in den letzten Jahrzehnten.

Diese Zeiten sind vorbei. Verschwendung ist im wahrsten Sinne des Wortes überflüssig. Harmonie und Glück entstehen durch stabile ökologische Kreisläufe. Für diese haben wir vor bis vor 6000 Jahren auch unsere Verantwortung wahrgenommen und können es wieder tun. Mit Biologie, Bionik und Ökologie haben wir alles Wissen in der Hand, um in Frieden mit der Natur zu leben.

IV. Versunkene Kulturen

Die Historiker ignorieren die entscheidende Phase der Zivilisations-Entwicklung

Die Historiker haben viele Fakten über die Vergangenheit gesammelt, wirklich erfasst sind aber nur die letzten 5000 Jahre, seit Pharaonen und Sumerer-Könige Staaten gebildet und Bauwerke aus Stein errichtet haben, die wir heute noch ausgraben und erforschen können. Die wissenschaftliche Historie liefert eine Geschichte der Staatenbildung und beginnt erst ab der dritten Schwelle der Zivilisation (Kelly 2020). Die ersten beiden Schwellen bleiben im Dunkeln, oder werden der vorwissenschaftlichen Mythenbildung überlassen. Mythen und mündlichen Überlieferungen der diversen Völker sind bisher die einzigen Quellen, die Aussagen über diese Vorzeit treffen, die zur Theorienbildung herangezogen werden könnten, aber Mündlichkeit ist eines Historikers nicht würdig. Die Menschheitsentwicklung wird dadurch unzulässig fragmentiert:

1. Die Zeit bis zur Auswanderung aus Afrika 70.000 vZ bleibt den Anthropologen überlassen, die vor allem die Anatomie der Frühmenschen vergleichen.

2. Die Zeit zwischen 70.000 vZ und der Sesshaft-Werdung 10.000 vZ ist erst seit Kurzem Forschungs-Gegenstand der Paläo-Genetiker, die anhand unseres Genoms und der Gen-Mutationsraten unsere Wanderungsbewegungen erfassen.

3. Die Kulturen zwischen 10.000 vZ und 3000 vZ sind Gegenstand der Paläo-Archäologen, die Siedlungsplätze und Artefakte, vor allem Keramik und Steinwerkzeuge erfassen und vergleichen.

4. Historiker beschäftigen sich hauptsächlich mit Schriftzivilisationen seit 3000 vZ und stützen sich auf Inschriften und Schriftstücke.

Diese Fragmentierung bricht etwas auf, seit diverse Naturwissenschaften neue Hilfsmethoden liefern: Gletscher- und Sedimentbohrkerne, Bodenradar, Luftbild- und Unterwasser-Archäologie, Paläo-Genetik, Paläo-Botanik. In den Köpfen der Forscher haben sich die neuen Möglichkeiten aber noch nicht zu einer Gesamtschau vereinigt, weswegen die Theoriebildung deutlich hinter der Datenerfassung hinterherhinkt.

Dies ist schade, denn so laufen wir Gefahr, die wichtigsten Erklärungen für die Zivilisationsbildung und das Menschheitsverständnis zu übersehen und unsere Modelle auf Grund einer viel zu engen Datenbasis zu erstellen. Die Zeit der Kaiser, Feldherrn und Bischöfe ist zwar gut für Historienfilme, für die conditio humana aber nicht unbedingt maßgeblich, weswegen unser Menschen- und Gesellschaftsbild einseitig verfälscht ist. Unsere daraus bezogenen Prämissen sind gut für die Rechtfertigung von Diktaturen, von Kirchendogmen und ausbeuterischen Wirtschaftssystemen, aber schlecht für den Fortschritt der Menschheit.

Grundlage unserer verfehlten Theoriebildung ist eine unsinnige Ignoranz gegenüber dem Großteil der Menschheitsgeschichte. Hominiden gibt es seit 5 Millionen Jahren, die Geschichte des Homo sapiens währt bereits 200.000 Jahre, 400.000 Jahre, wenn man den PraeSapiens dazurechnet. Glaubt irgendjemand im Ernst, dass alle entscheidenden Entwicklungen in den letzten 5000 Jahren geschehen sind, nur weil wir über diese Bescheid wissen? Glaubt irgendjemand im Ernst, dass in den 195.000 Jahren davor sich nichts von Wert ereignet hat und der güterproduzierende Homo sapiens nichts hinterlassen hat, was man suchen und finden kann?

Diese absurde Ignoranz führt derzeit dazu, dass Schimpansenforscher sich bemüßigt fühlen, aus ihrer Datenbasis Gesellschaftsmodelle für das 21. Jhdt. abzuleiten (Wrangham 2019). Was da an „klugen" Theorien durch den Buchmarkt schwirrt, geht gelinde gesagt auf keine Kuhhaut. Keiner fühlt sich hingegen aufgefordert, die Schlüsselzeit zwischen 70.000 vZ und 3000 vZ schlüssig zu erforschen oder zumindest überprüfbare Hypothesen darüber aufzustellen. Die Community der Historiker verhält sich so, als sei in den 63.000 Jahren zwischen der weltweiten Ausbreitung des Homo sapiens und den ersten patriarchalen Königreichen absolut nichts von Bedeutung geschehen. Diese Haltung ist, man verzeihe mir den heiligen Zorn, dumm, ignorant und fahrlässig. Sie gefährdet die Adaption der menschlichen Gesellschaft an die Krise der Globalisierung, da in dieser ignorierten Vergangenheit viele Schlüssel und Antworten verborgen sind, die wir jetzt dringend bräuchten um die Krisen der Gegenwart zu bewältigen.

Mit dem Scheinargument, dass für eine Theoriebildung zu wenig Messdaten vorliegen und man daher über die Urzeit nichts Genaues sagen könne, sind die Historiker allein auf weiter Flur und vom geistigen Prozess der Gesellschaft abgeschnitten. Fehlende Daten halten z.B. die Physiker überhaupt nicht davon ab, die abgefahrendsten Kosmologien über Urknall, dunkle

Materie, dunkle Energien, Paralleluniversen und Strings zu entwickeln. Nichts davon ist messbar oder auch nur beobachtbar und trotzdem verstehen sich die theoretischen Physiker als Non-Plus-Ultra der Naturwissenschaft. Während für Theorien über die Entstehung des Kosmos der Fantasie keinerlei Grenzen gesetzt werden, gilt für die Entstehung der Zivilisation ein generelles Denkverbot. Schon komisch, um nicht zu sagen, mehr als verdächtig. Wer will uns da für dumm verkaufen und aus welchem Grund?

10.000 BC – die große Umbruchs-Zeit

Die Zeit um 10.000 BC spielt nicht nur im Fantory-Film (History + Fantasy = Fantory) des Roland Emmerich eine große Rolle, sondern in allen Mythen der Menschheit, die von großen Fluten und versunkenen Kulturen erzählen. Darin ist die Bibel keineswegs einzigartig, denn die Sagen von der großen Flut sind Legion und treten völlig unabhängig vom jeweiligen kulturellen Hintergrund auf. Naheliegend, dass eine reale Flutkatastrophe den historischen Kern all dieser Flutmythen bildet, strittig nur, ob sie durch Kometeneinschläge, Tsunamis oder Klimaveränderungen ausgelöst wurden. Die naturwissenschaftlichen Daten sprechen für letzteres, was ich in diesem Kapitel genauer ausführen werde.

Jedenfalls spricht unser derzeitiges Wissen dafür, dass es um 10.000 BC einen radikalen Umbruch in der Menschheitsgeschichte gab, der sich mit dem Ende der letzten Eiszeit deckt.

Der Umbruch von 10.000 BC teilt die unbekannte Urgeschichte in zwei Phasen:

1. Phase: Die Ausbreitung der Menschheit über Afrika, Europa, Asien, Amerika und Australien zwischen 70.000 und 10.0000 vZ. In diesen 60.000 Jahren entwickelten sich menschliche Kulturen in allen Kontinenten mit Ausnahme der Antarktis. Das Eiszeit-Klima blieb 60.000 Jahre lang stabil und ließ den Menschengruppen genug Zeit, sich an alle ökologischen Nischen anzupassen.

2. Phase: Die Eisschmelze zwischen 10.000 vZ und 5500 vZ führte zu fortlaufenden Veränderungen, Vertreibungen, Katastrophen, Zusammenbrüchen. Danach erzwang die Wüstenbildung in der Sahara und in Arabien weitere Anpassungen der menschlichen Gesellschaft. Diese Phase der Dauerstress-Umbrüche dauert bis heute an (siehe Kapitel V).

In Anlehnung an die Sintflut-Legenden mag man die beiden Phasen die vorsintflutliche und die nachsintflutliche nennen.

Beginnen wir mit der Zeit vor der Eisschmelze:

10.000 BC waren Nordeuropa und Nordamerika von riesigen Eisschilden bedeckt, der Meeresspiegel lag 120 m tiefer als heute. Die Kontinente waren größer, da riesige Schelfgebiete später im Meer versanken. Heute kennen wir die fruchtbaren Flussgebiete des Amazonas, des Mississippi, des Nils, des Indus, der Donau und des Huang Ho, die waren alle bereits damals von Menschen besiedelt, weil es dort am meisten Wild und Nahrung gab. Es gab aber noch vier weitere, die wir längst vergessen haben:

1. Das Po-Schwemmland zwischen Italien und dem Balkan

2. Den Ur-Euphrat zwischen Arabien, Persien und Indien

3. Das Flusssystem der Sunda-Halbinsel, das sich von Thailand bis zu den Philippinen erstreckte.

4. Die großen karibischen Inseln, die nur durch schmale Meeresstraßen voneinander getrennt waren.

3000 vZ entstanden menschliche Kulturen in all den heute noch existierenden Flussgebieten, auch in Amazonien, wie wir inzwischen wissen. Die heutigen Flüsse waren, mit Ausnahme des Nil, aber nicht die ersten fruchtbaren Landschaften, die die Menschen erreichten. Vor 70.000 Jahren wanderten die Urmenschen als erstes zum Ur-Euphrat, zum Indus, zum Ur-Mekong und ins Po-Schwemmland. All diese Flussmarschen waren fruchtbare Paradiese, die den Menschen mehr als genug Nahrung für die nächsten 60.000 Jahre boten, man brauchte nur zuzugreifen, zu fischen, zu jagen und Früchte zu sammeln. In dieser langen Zeit entstanden die verschiedenen Völker und Kulturen, deren Wanderbewegungen wir heute noch in unseren Genen nachweisen können. Wenn es erste kulturelle Zeugnisse gab, dann entstanden die wohl im Po-Schwemmland, am Ur-Euphrat, am Ur-Mekong und auf den Bahamas. Alle diese Paradiese sind im Meer verschwunden, und damit auch der Großteil unserer Zivilisations-Geschichte. Durch diese „Sintflut" mussten die Menschen immer wieder flüchten, wurden traumatisiert, kämpften oft um ihr Überleben, was sie aggressiver machte. Nach 5000 Jahren Flucht und Überlebenskampf entstand das kriegerische Patriarchat, dessen soziale Degeneration mit Gewalt und Kriegsführung eine Traumafolge ist und nicht typisch für die Urmenschen in den 60.000 Jahren davor.

Solange Geschichts- und Gesellschaftswissenschaften diese 60.000 Jahre unserer Kulturentwicklung ignorieren und nicht unter dem Meer forschen, sind alle Theorien über unsere Gesellschaft völlig weltfremd und stützen ein falsches Menschenbild. Aber das ist ja vielleicht schnöde Absicht und im Interesse der mächtigen Männer, die eine Korrektur ihrer derzeitigen Macht mit allen Mitteln verhindern wollen.

Die Antwort liegt unter dem Meer

Die Wissenschaft sucht Antworten auf die letzten Fragen der Menschheit in 13,8 Milliarden Lichtjahren Entfernung und findet sie nicht, weil sich der Urknall nicht beobachten lässt. Was wir sehr leicht beobachten könnten, liegt vor unserer Nase - auf dem Grund des Meeres.

Das wussten unsere Vorfahren: die Wassergöttin war die stärkste Form der großen Göttin und die Hüterin über Leben, Tod und Wiedergeburt.

Heute hingegen ist der Meeresboden der letzte unentdeckte Kontinent, über den wir weniger wissen als über Mars und Venus. Es wird uns gerade bewusst, dass wir über den größten Teil der Erdoberfläche so gut wie gar nichts wissen. Die 4000 Meter Tiefsee sind ein unbekannter Planet und wir beginnen gerade erst, ihn mit ein paar Taschenlampen von Tauchrobotern spärlich auszuleuchten.

Unser Weltklima wird von den Meeresströmungen gemacht. Die zunehmenden Wetterextreme in Europa hängen davon ab, ob das Wasser des Pazifiks in Äquatornähe gerade nach Osten oder nach Westen fließt. Ob die Wüsten wachsen oder Monsunregen reiche Ernten bringen, hängt von der Temperatur des Meerwassers ab. Dass die Jetströme sich verlangsamen und

Europa deswegen alternierend von Dürren und Überschwemmungen geplagt wird, liegt an der Erwärmung des arktischen Meerwassers.

Die Imperien der letzten 5000 Jahre gingen nicht wegen fehlender Führungskraft zugrunde, sondern wegen plötzlicher Klimaverschlechterungen und Dürren (Harper 2020). Da half auch die größte Tapferkeit in der Schlacht gar nichts.

Augustus, Karl der Große und Dschingis Khan hatten einfach Glück mit dem Wetter. Ihre Reichsgründungen fielen mit Wärmeperioden zusammen. Nebel, Wind und Regen waren entscheidend für den Sieg in der Schlacht. Z.B. besiegten nicht die Engländer die große spanische Armada, sondern ein Sturm. Stürme verhinderten die Rettung des Weströmischen Reiches und die Eroberung Japans durch die Mongolen.

Dennoch steht fest, dass die Menschheit in den letzten 5000 Jahren einen atemberaubenden Aufstieg aus der Primitivität zu immer größerem Fortschritt erlebt hat. Das will uns unsere Geschichtsschreibung zumindest glauben machen. Alles, was gegen diese Grundüberzeugung spricht, wird ignoriert und in die Unwissenschaftlichkeits-Eselsecke gestellt.

So lernen die Schüler immer noch, dass es vor den Sumerern keine Zivilisationen gab. Dummerweise widersprechen die Säulen von Göbekli Tepe (27 Kreisanlagen mit 270 Pfeilern, je 20 Tonnen schwer!) dieser Annahme in eklatanter Weise. Vor 12.000 Jahren beherrschten die Steinzeitmenschen eine Steinmetzkunst, die erst 7000 Jahre später beim Bau der ägyptischen Tempel wieder erreicht wurde.

Das wird rasch wegerklärt. Göbekli Tepe muss eben der erste Bau der Menschheit gewesen sein, die Steine, die heute noch stehen, als hätte man sie gestern erst behauen, wurden halt irgendwie von Jägern und Sammlern dort hingestellt. Historiker rechnen wie wild, wie ein paar kleine Stämme eine Arbeitsleistung zusammenbrachten, die erst dem ägyptischen Staat mit 1 Million Menschen wieder gelang. Bevor da noch mehr zutage kommt, was die Theorien der Archäologen überfordert, plant man sicherheitshalber keine weitere Ausgrabung und gibt sich mit der bisherigen Freilegung von 1,5% der Anlage zufrieden (Das ist so, als würde man die Bedeutung Wiens allein nach dem Bezirk Favoriten einschätzen oder das Wesen Berlins allein an Pankow festmachen).

Was, wenn Göbekli Tepe nur das einzige Bauwerk aus dieser Zeit ist, das wir zufällig gefunden haben?

Dafür gibt es so viele Indizien, dass man die Augen fest zukneifen muss, um sie nicht zu sehen:

Bei sämtlichen Völkern aller Kontinente gibt es Mythen, die von versunkenen Kulturen erzählen. Die Sintflut muss ja nicht schon deswegen falsch sein, weil die Bibel davon erzählt. Die Hopis in Arizona erzählen von gleich 5 Sintfluten. Dass Atlantis im Meer versunken ist, beschäftigt die Menschheit seit Platon.

Aber das sind doch Märchen, deren Ursprung man rational erklären kann. Der Mythos von Atlantis ist dem Vulkanausbruch von Santorin 1627 vZ oder der Überflutung des Schwarzen Meeres 5600 vZ geschuldet, (oder wurde das Schwarze Meer schon 6700 vZ überflutet? Wer weiß).

Die richtigen Schlüsse aus bekannten Tatsachen ziehen die Wissenschaftler nur dann, wenn etwas so weit weg ist, dass es uns scheinbar nicht betrifft. Die Geschichte der australischen Aborigines beispielsweise. Über die trauen sich Historiker kaum etwas zu sagen, weil sie wissen, dass die wichtigsten Zeugnisse von deren Kultur allesamt unter dem Meer begraben sind. Als die Aborigines vor 60.000 Jahren den Kontinent per Schiff (sic!) eroberten, lag der Meeresspiegel eiszeitbedingt um 120 m tiefer und blieb dort die nächsten 50.000 Jahre lang. Da Menschen meist am Wasser siedeln, besiedelten die Aborigines zuerst die Küsten. Und die sind inzwischen alle versunken samt all den alten Siedlungen. Die Aborigines wissen allerdings noch ganz genau, wie das versunkene Land ausgesehen hat und wo ihre Siedlungen lagen.

Man könnte glauben, Australien liegt auf einem anderen Planeten. Denn was dort gilt, gilt für die zivilisierte Welt natürlich noch lange nicht. Wir wissen zwar, wo die europäischen Küstenlinien in der Eiszeit verlaufen sind, aber auf die Idee, dass auch unsere ersten Kulturzeugnisse im Meer versunken sein könnten, kommt kein Mensch. Und unsere Mythen, die davon erzählen, sind halt Märchen, unwissenschaftlich und pure „Esoterik".

Oder werden ins Reich der Märchen verwiesen: Wir wissen, dass 5600 vZ der Meeresspiegel im Schwarzen Meer in kurzer Zeit um hundert Meter stieg. Aber auf die Idee, dort nach den ersten Städten zu suchen, kommt niemand. Und wenn Haarmann (2013) dies vorschlägt, lacht man ihn aus, denn der ist ja nur Linguist und soll sich aus dem Geschäft der Archäologen gefälligst heraushalten.

Seit 30 Jahren gibt es die Unterwasserarchäologie, die sucht aber nur nach Dingen, die ins bekannte Konzept passen, findet den Palast der Kleopatra und untergegangene antike Schiffe. Immerhin ein Anfang.

Da aber immer mehr Menschen der Tauchleidenschaft frönen, häufen sich Berichte über Zyklopenmauern und Straßen am Meeresgrund (Zink 1989). Solch laienhaften Berichten geht man natürlich nicht nach, denn die stammen ja alle nicht von Wissenschaftlern. (Dumm nur, dass die Archäologie vom Laien Heinrich Schliemann erfunden wurde). Die Historiker haben schließlich Wichtigeres zu erforschen, die Seitensprünge der Habsburger etwa oder die Gewehrkugeln des 1. Weltkriegs.

Bald wird sich die Zivilisation in die Schelfmeere ausbreiten und dort nicht nur Ölbohrtürme bauen, sondern Windparks, Aquafarmen und Aquastädte. Die begeisterten Taucher werden keine Ruhe geben und auch nicht weniger werden.

In 20 Jahren wird im Meer normal sein, was heute an Land gesetzlich vorgeschrieben ist: Bevor am Meeresboden betoniert werden darf, muss eine meeresarchäologische Notgrabung durchgeführt werden. Was dort zu finden ist, wird die Geschichtsschreibung auf den Kopf stellen. Das kriegerische Patriarchat wird dann nur mehr eine Fußnote der Weltgeschichte sein: Ein krisenhafter Übergang vom ökologischen Gleichgewicht der Steinzeit zum globalen Gleichgewicht einer ökologischen Menschheitszivilisation.

Die Liste der untergegangenen Länder, die noch nie erforscht wurden, ist lang: die Java- und die Malaien-See, das Ost- und das Südchinesische Meer, das Rote Meer, der Persische Golf, die kleine Syrte, die Ägäis, die Adria, das Schwarze Meer, der englische Kanal, der Golf von Mexiko, die Bahama-Platte, das Meer vor Neuengland und Neufundland, die Amazonasmündung, das Meer vor Argentinien, die See zwischen Australien und Neuguinea – all dies sind Schelfgebiete, die vor 12.000 Jahren über dem Meeresspiegel lagen, zu genau der Zeit, als die Menschen von Göbekli Tepe schon grandiose Bildhauer waren. In diesen versunkenen Küsten haben Atlantis und Lemuria zehnmal Platz. Bereits vor 20 Jahren hat Hancock (2019) alle Argumente aufgelistet, die für versunkene Kulturen auf den Schelfgebieten sprechen und wurde „natürlich" nur ausgelacht, obwohl die meisten seiner Thesen inzwischen von der Paläoklimatologie bestätigt wurden.

Ist es nicht vermessen zu glauben, dass unter dem Meer nur Schlamm und Sand liegen? Natürlich muss man beides beiseiteschieben wie bei jeder anderen archäologischen Grabung auch. Aber stante pede davon auszugehen, dass da nichts wäre und man gar nicht nachzuschauen brauche, weil wir eh schon alles über die Geschichte wüssten, ist bodenlose Hybris.

Vielleicht sind diese Hybris und die dahinterstehende Verdrängung schuld, dass wir das Meer so schlecht behandeln, obwohl dort das Leben entstanden ist und unser Körper immer noch zu 70% aus Meerwasser besteht. (Ohne den Salzgehalt des Meeres, der sich in unseren Körperflüssigkeiten spiegelt, würde unser Nervensystem nicht funktionieren).

Ganz im Widerspruch dazu bekämpfen wir das Meer mit allen Mitteln, als sei es unser größter Feind: wir fischen es leer, verschmutzen es mit Giften, Öl und Plastik, bis dort alles Leben erstirbt.

In der Tiefenpsychologie steht der Ozean für das Unbewusste und für die intrauterine Welt des Fötus im Mutterleib. Das Unbewusste ist voller Schätze, die es zu heben gilt, wenn sich der Mensch zu voller Größe entwickeln soll.

Weil wir unseren Ursprung im Meer und im Mutterleib ignorieren, gerät die Welt aus den Fugen. Wenn wir damit wider besseres Wissen fortfahren, dann deutet das auf einen unbewussten Komplex hin, einen Fehler in unserem seelischen System, den wir krampfhaft aufrechterhalten, um uns einer schmerzhaften Erkenntnis nicht stellen zu müssen.

Die notwendige Erkenntnis dämmert uns langsam. Wenn das Meer stirbt, sterben auch die Erde und der Mensch. Ohne eine ökologische Wende werden wir nicht überleben.

Die zentrale Prämisse unseres Denkens geben wir trotzdem nicht auf: Unser logisches (männliches) Denken mit all seinen technischen Erfindungen bringt Fortschritt und Wohlstand. Wir sind Landtiere und all unsere Fortschritte erzielten wir auf dem Land. Die 6000 Jahre, seit das männliche Denken an der Macht ist, haben all den Fortschritt gebracht, der durch Technik möglich ist: genug Nahrung, genug Energie, genug Güter. Das wollen wir auch nicht mehr missen.

Was wir nicht geschafft haben, sind Friede, Glück, Harmonie und soziale Gerechtigkeit. Dazu bräuchten wir die Weisheit der Frauen, die wir in den letzten 6000 Jahren ebenso ignoriert haben wie die Ströme der Ozeane, die unser Klima in Gang halten.

Die Erforschung der Meere kommt zwar langsam in Gang, in unseren Köpfen ist die Bedeutung der Ozeane aber noch nicht verankert. Das ergibt nicht nur Defizite in der Biologie, sondern auch in den Geschichtswissenschaften.

Was gehen die Meere die Historiker an? Da fahren die Schiffe drüber und damit basta.

Eben. Niemand kommt auf die Idee, am Meeresgrund nach Antworten zu suchen, wer wir sind und warum wir so sind. Zwar gibt es überall auf der Welt Legenden von versunkenen Kulturen, aber dem nachgehen? Nein, das ist unwissenschaftlich, denn Homo sapiens lebte nie im Wasser. Ist das so?

Atlantis und Lemuria reloaded

Die Idee eines untergegangenen Reiches geistert seit Plato durch die europäische Geschichte. 1882 verortete Ignatius Donelly das untergegangene Atlantis in der Gegend der Azoren, sein Buch wurde mit Begeisterung aufgenommen. Seitdem wird Atlantis an allen möglichen und unmöglichen Stellen der Welt gesucht, die aber entweder im Widerspruch zum Mythos des Plato stehen oder mit der Geologie unvereinbar sind. Ähnliches gilt für die Lemuria-Theorie, laut der sich ein riesiger Kontinent von der Wüste Gobi quer über den Pazifik bis zur Osterinsel erstreckt haben soll.

Bis jetzt war es der Naturwissenschaft ein leichtes, die Berichte über Atlantis und Lemuria als reine Legenden abzutun. Ist doch klar, dass es mitten im Atlantik und mitten im Pazifik keine versunkenen Kontinente geben kann, da spricht einfach die Geowissenschaft dagegen. Obwohl ich diese Überlieferungen für interessant hielt, musste ich der Naturwissenschaft recht geben.

Doch die Atlantis-Theorien des 19. Jhdt. wurden aufgestellt, bevor es geologische Daten gab, geschweige denn eine Kontinentalverschiebungs-Theorie. Passt man die Sintflut-Berichte an die neuesten Erkenntnisse der Naturwissenschaft an, dann ist klar, was versunken ist: Die Schelfgebiete, die bis 10.000 vZ über dem Meer lagen.

Dann gibt es plötzlich ganz logische Küstenländer, die für die ersten Zivilisationen der Menschheit in Frage kommen.

1. Lemuria:

Der größte versunkene Kontinent ist die Sundahalbinsel zwischen Java und Taiwan. Hier gab es die ersten Seefahrer, die schon 60.000 vZ nach Australien übersetzten. Hier wohnten die ältesten Homo sapiens „Out of Afrika" schon 50.000 Jahre lang, ebenso lange beherrschten sie die Seefahrt. Die Küstenlinien gingen von Bali bis hinauf nach Luzon und Taiwan, weiter nach Japan und zu den Kurilen. Was immer es damals an Siedlungen gab, ging 10.000 vZ unter.

2. Atlantis:

Ab 22.000 vZ war die Solutreen-Kultur in Nordspanien und Südfrankreich die am stärksten entwickelte Kultur Europas, sie trieb Fischfang im Atlantik, besaß messerscharfe Pfeilspitzen, Nähnadeln, Angelhaken und Boote. Die Küstenlinie reichte von der Biskaya bis 150 km westlich von Irland, danach hantelten sich die Fischer am Rand des Schelfeises weiter nach Westen. Der Nordatlantik war nur halb so breit wie heute, man konnte überall auf dem Eis Rast machen. 560 km östlich von Neufundland gab es wieder festes Land, das heute als Flemish Cap unter dem Meer liegt. Danach ging es die Küsten entlang nach Süden bis zu den Bahamas, wo damals ein angenehm gemäßigtes Klima herrschte.

Vor den Bahamas, vor Bimini und Andros, hat man diverse Artefakte unter Wasser gefunden. (Zink 1989). Seit das Medium Edgar Cayce das Auftauchen von Atlantis vor den Bahamas prophezeite, sind die Bahamas das bevorzugte Forschungsgebiet der Atlantologen, die damit auch gleich die Anomalien des Bermuda-Dreiecks erklären.

Beim Durchbruch der Eisstauseen zwischen 10.000 und 6.200 vZ gab es diverse hohe Tsunamis, die alle damaligen Küstenländer zerstörten. Das passt zur Plato-Legende, dass die Stadt Atlantis in einer einzigen Nacht überflutet wurde.

Bedenkt man, dass lange Zeit der Vulkanausbruch von Santorin (1627 vZ) mitten in der Ägäis als ernsthafte Atlantis-These angesehen wurde, so ist ersichtlich, mit welcher „Ernsthaftigkeit" die Geschichtswissenschaft mit den Legenden der Antike umgesprungen ist.

Denn inzwischen kann jeder Laie auf seinem Weltatlas überprüfen, wo bis vor 10.000 Jahren die Küsten verlaufen sind. Derzeitiger Meeresspiegel minus 120 Meter. Eindeutiger geht's nicht. Man müsste nur mal hinschauen und die Unterwasserarchäologen nach mehr suchen lassen als nach Piratenschätzen und versunkenen Karavellen. Oder ein Pendant zu Bodenradaruntersuchungen am Meeresuntergrund anwenden. Technisch kein Problem, ist schnell entwickelt, wenn man nur will.

Aber man will halt nicht. Komisch, nicht?

Ur-Padania – Lag Atlantis in der Adria?

Cayce und Zink waren Amerikaner, für die war es naheliegend, Atlantis in der Karibik zu suchen, nachdem auch die Mythen der Azteken von einem versunkenen Reich im Osten erzählten, aus dem sie stammten. Ob die Bahamas tatsächlich Atlantis waren, steht aber noch lange nicht fest.

10.000 vZ lag der Meeresspiegel um 120 m tiefer als heute. Es gibt jede Menge versunkener Kontinente und Halbkontinente, die als Kandidaten für Atlantis in Frage kommen. Nachdem die Atlantis-Sage aus Griechenland stammt, würde ich in der Nähe von Griechenland zu suchen beginnen. Da gibt es gleich um die Ecke eine bis jetzt völlig ignorierte Weltgegend: Ur-Padania!

10.000 vZ war die heutige Adria zwischen Italien und Kroatien ein fruchtbares Schwemmland, das erst auf der Höhe Apuliens und Albaniens endete. Der Po war zweimal so lange wie heute und bildete mit seinen Nebenflüssen ein fruchtbares Gewässernetz ähnlich dem antiken Mesopotamien. In dieser fruchtbaren und wasserreichen Gegend lebten die Menschen seit 40.000 vZ und waren so zahlreich, dass sie später ganz Nordeuropa besiedeln konnten, das damals noch von einem Eisschild bedeckt war. Bis 5500 vZ versank das meiste Land Schritt für Schritt in der vorstoßenden Adria, sodass am Schluss nur mehr die heutige Po-Ebene im Norden übrigblieb, ja nicht einmal die, denn der Po mündete damals 100 km vor dem heutigen Delta ins Meer. Ravenna, Venedig, Grado, Lignano – all unsere beliebten Feriensträde lagen damals unter Wasser und wurden erst später vom Po wieder aufgeschüttet. Anzunehmen, dass es hier viele Spuren frühmenschlicher Besiedelung gibt, die aber allesamt unter dem Meer oder tief unter den Touristensträden begraben liegen, da sich auch damals die Menschen lieber in den fruchtbaren Ebenen als auf unwirtlichen Bergspitzen im Apennin oder dem Dinarischen Gebirge niederließen. Das Versinken ihres Paradieses muss für die Menschen traumatisch gewesen sein und spiegelt sich wohl in den Legenden vom versunkenen Kontinent Atlantis wider. Als alles versunken war, blieben als letztes die atlantischen Inseln

100km südlich des heutigen Split übrig. Auch sie versanken 5500 vZ.

Die Padania-Theorie würde auch erklären, wie 3800 vZ die riesigen Steintempel auf Malta scheinbar aus dem Nichts auftauchen konnten. 10.000 vZ war Malta eine riesige Insel und gehörte zu Sizilien, das damals doppelt so groß war wie heute. Als die Flut kam, mussten sich die Bewohner auch dort immer weiter nach Süden zurückziehen, bis sie schließlich in Malta eingeschlossen waren. Anzunehmen, dass es zwischen der Adria- und der Malta-Zivilisation kulturelle Verbindungen gab, da Sizilien nicht vom italienischen Festland getrennt war. Die Tempel auf Malta versanken als einzige nicht im Meer und sind prächtiger als alles, was es zu dieser Zeit auf der Welt gab. Die Pyramiden Ägyptens und die Zikkurate Mesopotamiens kamen erst 1000 Jahre später.

Für die pelasgischen Ureinwohner Griechenlands müssen die dinarischen und apenninischen Berge wie Säulen des Himmels gewirkt haben, da sie damals 120 höher waren als heute. Die Säulen des Herakles wurden wohl erst später an die Straße von Gibraltar verlegt, die damals noch keiner kannte. Jenseits dieser Säulen lag die sagenhafte Stadt Atlantis, eine Insel im Sumpfgebiet des Po. Ähnlich wie heute in Amsterdam wurden Flussarme trockengelegt und zu Kanälen umgebaut, die den Stadthügel in der Mitte ringförmig umgaben. Als alles Kulturland versunken war, flüchteten die Ur-Atlanter wohl in die höhergelegenen Gebiete Dinariens und siedelten sich an Save und Donau an, die ähnliche Bedingungen boten wie Ur-Padania. Wie aus dem Nichts taucht 5500 vZ die Donaukultur auf, eine friedliche Händlerkultur mit Seefahrt, Landwirtschaft und der ersten bekannten Schrift der Welt. Von dieser leiten sich über

Minoer und Griechen alle kulturellen Entwicklungen Europas ab (siehe Kapitel V).

Um die Welt der Mittelsteinzeit zu verstehen, müssen wir uns das damalige Mittelmeer vor Augen halten. Es war fast um die Hälfte kleiner als heute, weil so viele Küsten trockengefallen waren. Noch dazu gab es nicht ein, sondern zwei Meere. Das westliche Mittelmeer wurde vom östlichen abgetrennt, da die kleine Syrte, das vergrößerte Sizilien und das heute versunkene Riesen-Malta eine fast durchgehende Landbrücke von Tunesien bis nach Italien bildeten, nur von einer schmalen Meeresstraße unterbrochen. Da Homo sapiens bereits 70.000 vZ das rote Meer überquert hatte, war es ihm wohl ein Leichtes, von Tunesien bis nach Ur-Padania zu kommen und umgekehrt. Das Subduktionsgebiet, wo Italien sich unter die dinarische Platte schiebt, war damals die fruchtbarste Gegend am Mittelmeer, vergleichbar nur dem Nildelta. Das östliche „kleine Mittelmeer" zwischen Malta und Ägypten war wohl das angemessene Operationsgebiet der ersten antiken Bootsbauer. Warum sollte man ins unbekannte Iberien oder gar in den Atlantik fahren, wo doch in Padanien, Syrien und Ägypten schon damals die Musik spielte? Wie hätten die überlebenden Atlanter von den Azoren bis Ägypten kommen sollen? Wären sie von dort nicht viel eher auf den Kanaren und in Marokko angelandet?

Mythen verändern sich nach 5000 Jahren und so interpretierte Plato sie natürlich nach dem Wissen seiner Zeit. Die Säulen des Herakles am Westrand des Mittelmeers, die konnten für einen antiken Griechen nur an der Straße von Gibraltar liegen. Beim Untergang von Atlantis lag der Westrand des Meeres aber an der Italischen Landbrücke und dort gab es jede Menge schmaler

Meeresdurchgänge und hoher säulenartiger Berge. So erklärt sich das Missverständnis.

Naheliegend, dass die Atlanter an den syrischen und ägyptischen Küsten Handelsniederlassungen hatten, die allerdings auch alle überflutet wurden. So blieb Atlantis Legende und die verbliebenen Zeugnisse wurden verkannt. Sie liegen 100 km im Landesinneren, scheinbar ohne Verbindung zum Meer, aber die Verbindungen waren ja versunken. So bastelten sich die Historiker für jedes Zeugnis ihre eigenen Märchen:

1. Die riesige Tempelanlage von Göbekli Tepe mit ihren wunderschönen Reliefs wurde von „Jägern und Sammlern" auf ihren kurzen gemeinsamen Festen 10.000 vZ gebaut. Diese Erklärung ist völlig absurd und lächerlich.

2. Die Cheops-Pyramide unterscheidet sich von allen anderen ägyptischen Pyramiden, ist ihnen astronomisch, mathematisch und bautechnisch weit voraus. Laut den meisten alten Überlieferungen wurde sie 10.000 vZ gebaut. Man fand darin weder eine Mumie noch irgendeinen Gegenstand aus der Zeit der Pharaonen. Die Perfektion der Cheops-Pyramide wurde nie wieder erreicht, obwohl es in Ägypten hunderte Pyramiden gibt, die meisten sind inzwischen eingestürzt, obwohl sie nach der Cheops-Pyramide erbaut wurden. Es ist viel wahrscheinlicher, dass die Pharaonen versuchten, das Wunder der Cheops-Pyramide nachzubauen, um ihre Herrschaft zu legitimieren, ohne aber genau zu wissen, wie das geht.

3. Wie die beeindruckenden Tempelanlagen auf der kleinen Insel Malta gebaut wurden und von wem, das weiß kein Mensch. Man versucht nicht mal, irgendeine Erklärung aufzustellen.

Die paar hundert Malteser 3800 vZ waren es wohl nicht. (Außer sie bekamen Schützenhilfe von den paar hundert Jägern von Göbekli Tepe, die ihr Meisterwerk nach 1000 Jahren wieder zuschütteten und nach Malta ruderten und dann halt ein paar neue Tempel für ihre Jagdfeste brauchten. Ironie off). Ich bin ja sehr für wissenschaftliche Fakten. Sie sollten aber zumindest wissenschaftlich klingen und sich nicht mit der Esoterik-Keule gegen jeden Einwand abschotten.

Rund um das östliche Mittelmeer sind alle Küsten versunken, die zur Zeit von Padania/Atlantis besiedelt und wohl Kolonien der Atlanter waren. Südlich von Plakias auf Kreta sieht man auf Google-Maps im Meer eine riesige quadratische Struktur, die einem Tempelgrundriss gleicht. Nach einer geologischen Formation sieht das jedenfalls nicht aus. Aber das interessiert natürlich niemanden.

Die Paradiesbewohner

Der nächste Kandidat einer versunkenen Kultur ist uns seit dem babylonischen Exil der Juden 600 vZ bekannt, also seit 2600 Jahren, aber erst die Klimaforschung der letzten Jahrzehnte hat bestätigt, dass es manchmal am einfachsten ist, dort zu suchen, wo die Legenden ihren Ursprung verorten (siehe Troja, Homer und Schliemann).

Der Garten Eden und die Sintflut waren babylonische Mythen, welche die Juden im babylonischen Exil ins Alte Testament übernahmen. Deswegen haben Wissenschaftler den Garten Eden schon vor Jahren südlich von Mesopotamien vermutet. Dort gab es bis 5.500 vZ die vier Flüsse des Garten Eden,

Euphrat, Tigris und zwei weitere, die inzwischen trockene Wadis im Nordosten von Saudi-Arabien sind.

Zeit, einen Schritt weiter zu denken: Bis 7.000 vZ lag der ganze Persische Golf bis über die Straße von Hormus hinaus trocken, alle Flüsse sammelten sich im Euphrat, der erst 500km östlich von Hormus ins Meer mündete. Dieses „Golfland" war die erste paradiesische Gartenlandschaft, in der sich die Auswanderer aus Afrika über den Bab el Mandeb, den Jemen und Oman kommend, bereits 70.000 vZ niederließen. 60.000 Jahre lang muss ihnen dieses riesige fruchtbare Flusssystem wie ein Paradies vorgekommen sein, sie vermehrten sich und breiteten sich von hier aus über ganz Eurasien aus.

Als am Ende der Eiszeit das Meer um 120m stieg, versank das ganze Paradies im Meer. Daran erinnerten sich die Babylonier noch nach 6000 Jahren, in der Legende von der Sintflut.

Mythen haben immer einen historischen Kern, auch die Legende vom Garten Eden. Die erste Kultur der Menschheit wurde bis jetzt nicht gefunden, weil man an den falschen Stellen gesucht hat. Zu finden ist sie unter dem Meeressand am Grunde des Persischen Golfs. Das untermeerische Flussbett des alten Euphrat hat man dort schon entdeckt, aber natürlich kommt niemand auf die Idee, genauer zu suchen, obwohl das Meer gar nicht tief ist.

Seltsam, dass die Historiker nicht auf diese Idee gekommen sind, obwohl alle Teile des Puzzles längst bekannt sind.

Mit einer Ausnahme: Der Archäologe Jeffrey Rose erforscht seit 25 Jahren die Küsten des Oman und des Persischen Golfes und hat dort die ersten Zeugnisse der Obed-Kultur entdeckt, aus der sich die sumerische Zivilisation entwickelt hat. Man weiß inzwischen, dass es während der Eiszeit im Persischen Golf drei riesige Süßwasserseen gab. Die Seen im Western und Central Basin waren bis zu drei Mal so lang wie der Bodensee. „Das war ein Mosaik aus Quellen, Flüssen, Seen, Mangrovensümpfen und Lagunen – wahrscheinlich eines der ergiebigsten und stabilsten Süßwasserreservoire in ganz Südwestasien", unterstreicht Rose. Ein weiterer Pluspunkt dieser Region: „Es gibt hier umfangreiche Feuersteinvorkommen. Bahrain, Katar und die Inseln vor Abu Dhabi sind übersät von den Knollen." Angesichts so vieler Vorteile hätten sich in der Golf-Oase zweifellos ständig Menschen aufgehalten (Ewe 2013).

Vor 14.000 Jahren begann eine leichte Erwärmung. In Südwesteuropa war dies die Zeit der Magdalenien-Kultur, in der altsteinzeitliche Künstler die Höhlenmalereien von Lascaux schufen. Die Eispanzer auf dem Festland begann zu schmelzen, der Meeresspiegel hob sich. Der Indische Ozean schob zum ersten Mal seit 60.000 Jahren wieder eine schmale salzige Zunge durch die Straße von Hormus. Meerwasser floss in die Rinne des Ur-Euphrat und in die Seebecken. Vor 13.000 Jahren füllte sich das Eastern Basin, vor 12.500 Jahren das Central Basin, 1000 Jahre danach erobert das Meer auch das Western Basin. Das in Richtung Arabien sanft ansteigende Gebiet südlich der Euphrat-Rinne, nach wie vor fruchtbar und von Flüssen durchzogen, blieb bis 7000 vZ Festland. Doch dann trieb der jähe Temperaturanstieg im Holozän den Meeresspiegel radikal nach oben. Zwischen 7000 und 6000 vZ brach die salzige Flut rascher als je zuvor nach Westen und Norden ein, in Richtung der heutigen Küstenlinien – mit einem Tempo von einem Kilometer pro Jahr.

Die Menschen, die damals in der Golf-Oase lebten, hatten eine schlimme Zeit. Zehn aufeinander folgende Jahrhunderte lang sahen alle, die an einem Wohnplatz nahe der Küste aufgewachsen waren, die vertraute Landschaft ihrer Jugend auf Nimmerwiedersehen ertrinken. Zehn Jahrhunderte lang packten Menschen ihre Habseligkeiten und zogen auf höheres Gelände. Zehn Jahrhunderte einer Erfahrung von Flut und Vertreibung, die sich tief ins kollektive Gedächtnis der Bevölkerung grub. „Alle Obed-Siedlungsplätze an den heutigen Küsten entstanden ab 5500 vZ ohne Vorläufer auf zuvor unbewohntem Land." Es waren Neusiedler, keine Steppenjäger, sondern Menschen auf einer höheren Kulturstufe. Woher kamen sie? Rose: „Ich denke, hinter dieser Explosion von neuen Siedlungen steckt die einheimische Population aus dem Golfbecken, die in der Endphase der Überflutung vor dem vordringenden Meer floh."

Am iranischen Ufer ist um 5000 vZ der erste Tiefland-Bewässerungsfeldbau nachgewiesen. Diese Innovation, für die im iranischen Hinterland kein Vorläufer erkennbar sind, gilt als Beschleuniger für die Entstehung von Hochkulturen: Sie macht landwirtschaftliche Überschüsse möglich und bringt soziale Neuerungen mit sich – etwa das Führen eines Jahreskalenders für die richtigen Aussaat- und Erntezeiten, Arbeitsteilung, eine hierarchische Arbeitsorganisation mit Anführern und Gefolgschaft.

Laut dem Archäologen Robert Carter gab es um 5500 vZ ein etabliertes Fernhandelsnetz zwischen dem Süd-Irak und den Küstensiedlungen am Golf. „Diese Menschen bauten Schiffe, mit denen sie zwischen Süd-Mesopotamien und der arabischen Küste Menschen und Waren mehrere Hundert Kilometer über offenes Meer transportierten", sagt Carter. In Kuwait fand er ein

Keramikmodell eines Schilfbündelbootes, die auf eine Keramikscheibe gemalte Darstellung eines Bootes mit zwei Masten, Erdpechstücke mit Schilfabdrücken, die einst Teile der Abdichtung von Schilfbündelbooten waren. Dass Obed-Töpferwaren aus Mesopotamien sogar an der Straße von Hormus ausgegraben wurden, beweist die Reichweite des Seehandelsnetzes. Gehandelt wurde mit Perlen, Feuerstein, Vieh, in der Sonne gedörrtem Fisch. „Das war mehr als nur ein gelegentlicher, zufällig zustande kommender Tausch – es war ein seit vielen Generationen bestehendes stabiles, ausgereiftes Handelssystem."

Durch diese geologischen und archäologischen Erkenntnisse ergibt sich ein neues Bild unserer Urgeschichte:

Homo Sapiens verließ Afrika zwischen 100.000 und 70.000 vZ, indem er über die Meeresenge des Bab el Mandeb in den Jemen übersetzte und sich über den Oman in den damals trockenliegenden Persischen Golf ausbreitete. In diesem fruchtbaren Gebiet vermehrte er sich, hier blühte der Ackerbau, wurden rechteckige Häuser und die Bewässerung erfunden. Manche zogen weiter zum Indusgebiet, das ähnlich fruchtbar war, besiedelten den damals trockenliegenden Sunda-Archipel und kamen bis Australien. Diejenigen, die in der Golf-Oase verblieben, entwickelten in 60.000 Jahren Überfluss die menschliche Zivilisation, in vielen kleinen Schritten. Die Zeugnisse dieser Entwicklung liegen unentdeckt unter dem Meer, sodass die Obed-Kultur 5500 vZ wie aus dem Nichts auftaucht. Bedenkt man aber den langen Zeitraum, den die ersten Eurasiaten in der Golf-Oase lebten, so ist es mehr als wahrscheinlich, dass sie sich in vielen Schritten immer stärker entwickelten, sodass ihre Kultur bis nach Persien, Ägypten, Nordmesopotamien und Anatolien ausstrahlte.

Die Obed-Zivilisation war egalitär und matriarchalisch (Wolf 2019), zumindest bis 6200 vZ. Worüber hätte man auch streiten sollen, da es doch alles im Überfluss gab und die Religion der Großen Mutter Geburt und Wachstum heiligte? Worüber hätte man Kriege führen sollen, wo die abenteuerlustigen jungen Leute einfach nach Osten, Norden oder Westen aufbrechen konnten, um neue Länder zu besiedeln?

Doch die Paradies-Bewohner hatten Pech: 6200 vZ brachen die großen Eisstauseen Nordamerikas in den Nordatlantik durch (Misox-Schwankung), der Golfstrom kam zum Erliegen, das Klima wurde trockener, der Meeresspiegel stieg schnell, die fruchtbare Heimat versank im Meer. Die ins Trockene geflohenen Obed-Leute musste sich straff organisieren, um auf dem wenigen Land zu überleben. In Mesopotamien entstand ein hierarchisches Matriarchat mit einer Oberschicht, in der Frauen Königinnen waren oder zumindest den Königen gleichberechtigt. Die matrifokalen Siedler in Anatolien flohen über den Kaukasus nach Südrussland, wurden Viehzüchter und entwickelten das kriegerische Patriarchat der Indogermanen. Dort begann man, die Frauen zu entmachten und zu unterdrücken. Mit der Domestikation des Pferdes erfanden die Indogermanen die Kavallerie, mit der sie in den nächsten 3000 Jahren sukzessive alle Länder des Nahen Ostens eroberten.

Krieg, Gewalt und patriarchalische Unterdrückung entstanden als Folge eines Klimaschocks am Ende der Eiszeit. Schimpansen und Hominiden werden nur dann aggressiv, wenn sie zu verhungern drohen. Durch den Klimawandel und den raschen Meeresanstieg um 6200 vZ war dies zweifelsohne gegeben.

Der Mensch war keineswegs zum Krieger geboren. Dass eine Kriegerkaste an die Macht kam und 5000 Jahre lang an der Macht blieb, ist einem Zufall der Klimageschichte geschuldet. Hätten die ersten Eurasiaten nicht zufällig in einem Schelfgebiet gesiedelt, dass zum Untergang verurteilt war, wäre uns vielleicht die Geschichte der Kriege erspart geblieben.

Die Sunda-Halbinsel

10.000 vZ lag der Meeresspiegel um 120 m tiefer als heute und war die indonesische Inselwelt zu einer Halbinsel vereint, die bis zu den Philippinen und den kleinen Sunda-Inseln reichte. Der Mekong war um die Hälfte länger als heute und bildete mit seinen Nebenflüssen ein tropisches Gewässernetz ähnlich dem heutigen Amazonas. In dieser fruchtbaren und wasserreichen Gegend lebten die Menschen ab 60.000 vZ und waren so zahlreich, dass einige mit Schiffen nach Neuguinea und Australien übersetzten. Von 10.0000 bis 5500 vZ versank das meiste Land Schritt für Schritt unter dem Meer, sodass am Schluss nur mehr Inseln übrigblieben. Anzunehmen, dass es hier viele Spuren frühmenschlicher Besiedelung gibt, die aber allesamt unter dem Meer liegen, da sich auch damals die Menschen lieber in den fruchtbaren Ebenen als auf den Vulkanen Javas und Sumatras niederließen. Das Versinken ihres Paradieses muss für die Menschen traumatisch gewesen sein und spiegelt sich wohl in den Legenden vom versunkenen Kontinent Lemuria wider.

Mehr noch: Alles Meer zwischen Japan, Taiwan, Sachalin und dem heutigen asiatischen Kontinent war damals Land. In Ost- und Südostasien verschwand ab 10.000 vZ die größte zusammenhängende Landmasse unter dem Meer. So entstand die Legende vom riesigen Kontinent Lemuria, der im Pazifik versank und von dem nur Inseln blieben. Genau so war es ja auch. 10.000 vZ waren alle Inseln Südostasiens inklusive der kleinen Sunda-Inseln Bali, Lombok, Flores und Timor festes Land, bis hinauf zu den Kurilen verbunden mit dem kontinentalen Asien.

Ein nicht unwesentliches Faktum: Der Sunda-Halbkontinent ist neben Afrika das älteste Siedlungsgebiet der Hominiden. Schon die Primaten wanderten seit 15 Millionen Jahren zwischen Afrika und Südostasien hin und her, je nach Klima-Situation. Laut Reichholf (2016) taten sie dies, um der Tse-Tse-Fliege und ihren tropischen Krankheiten auszuweichen. War das Klima heiß, wanderten sie nach Norden und hielten sich in Südasien auf. War das Klima milder, wanderten sie nach Süden und landeten dann entweder im indonesischen oder im subsaharischen Dschungel. So erklärt sich, dass Orang-Utans und Gibbons in Asien hängen blieben, Gorillas und Schimpansen aber in Afrika (die Trennung der beiden Gruppen fand zwischen 10 und 12 Mill Jahren vZ statt).

Homo erectus griff vor 2 Mill Jahren auf die alten Wanderungsrouten zurück und besiedelte in kurzer Zeit ganz Asien, nach neuesten Entdeckungen auch Teile Nordamerikas. Die meisten Homo erectus lebten wohl wieder auf der Sunda-Halbinsel, deren Dschungelgebiete den afrikanischen so ähnlich waren. Nicht zufällig begann mit der Entdeckung des Java-Menschen, der ein Homo erectus war, die Erforschung der Menschwerdung.

Kein Wunder, dass Homo sapiens in seiner Wanderung „Out of Afrika" wieder sehr schnell auf der Sunda-Halbinsel landete.

Dabei kam ihm der Toba-Vulkan-Ausbruch von 70.000 vZ zugute, der einen Großteil der Java-Menschen ausgerottet hatte, sodass deren ökologische Nische wieder frei war. Überlebende gab es aber sehr wohl, sonst hätte sich Homo erectus nicht als Homo floresiensis bis 18.000 vZ auf den kleinen Sunda-Inseln gehalten. Ähnlich wie bei den Neandertalern gab es wohl eine Vermischung nicht nur der Gene, sondern auch ein Verschmelzen der Traditionen, sodass die Sunda-Menschen von 2 Mill Jahren Erfahrung der Java-Menschen profitierten. Dies führte dazu, dass die Sunda-Welt neben dem Golf-Paradies einer der ersten Kristallisations-Kerne der menschlichen Zivilisation war, in dem unter anderem die Seefahrt nach Australien, Neuguinea und wohl auch nach Ostasien bis hinauf zu den Aleuten entstand (Drei heutige Amazonas-Stämme sind genetisch mit den Aborigines verwandt und wanderten laut derzeitiger Forscher-Meinung über die Aleuten-Route in Amerika ein, vielleicht schon lange vor den indianischen Einwanderern).

Das Bahama-Paradies

Wie passt nun die Bahama-Weissagung des Edgar Cayce ins Bild? War der etwa nur ein Scharlatan, obwohl im 20. Jhdt. so viele Menschen von ihm beeindruckt waren? Und wie kommen die Hopi in Arizona auf die Idee, dass sie bereits 5 Sintfluten überlebt haben, wo doch so viele Alternativdenkende von deren Weissagungen tief beeindruckt sind?

Stellen wir uns die Karibik im Jahr 10.000 vZ vor. Nicht nur für heutige US-Amerikaner ist die Karibik ein Paradies, das sie mit

Villen, Yachten und Ferienhotels überziehen, ein Paradies war es auch damals am Ende der Eiszeit.

Florida, die Bahamas, Kuba und Yukatan waren jeweils doppelt so groß wie heute, der Golf von Mexiko dafür um die Hälfte kleiner, ein Binnenmeer, das nur über zwei schmale Meeresstraßen zwischen Kuba und Florida, sowie zwischen Kuba und Groß-Yukatan erreicht werden konnte.

Die ersten Amerikaner waren Seefahrer und Fischer, die sich von Beringia und den Aleuten aus kommend die nordwestamerikanische Küste nach Süden hantelten. Außer Fischen und Walen gab es da nicht viel zu holen, hinter der Küste Kanadas erhoben sich die Gletscherschilde, zwischen San Franzisko und Acapulco gab es nur dürre Halbwüsten. Am Golf von Tehuantepec hingegen lockte fruchtbares Grasland mit vielen Tieren, hier breiteten sich die Ur-Amerikaner wohl als erstes aus und erreichten sehr schnell den Golf von Mexiko und Groß-Yukatan, alles fruchtbare Gegenden mit viel Wild und nahrhaften Pflanzen, die sie bald züchteten, sodass der dortige Mais bald zur fruchtbarsten Getreidepflanze der Welt und zur Basis der heutigen Lebensmittelindustrie wurde. Da sie das Bootsbauen wohl nicht verlernt hatten, nahmen sie den Katzensprung nach Groß-Kuba wohl ebenso schnell, wie ihre Vorfahren das Meer nach Australien überwunden hatten. In Kuba und den Bahamas erwartete sie das Paradies, das bis heute fortbesteht.

Auf den Bahamas trafen sie wohl auf die westeuropäischen Fischer der Solutrienne-Kultur, die damals die besten Speerspitzen der Welt besaßen. Deren Werkzeug- und Jagd-Kultur breitete sich nach Norden ins Gebiet der heutigen USA aus, wo sie die Mammuts und Wollnashörner dezimierten. Die

Clovis-Spitzen der ersten Nordamerikaner waren die High-Tech-Waffen der Mittelsteinzeit und sind mit den Solutrienne-Spitzen Westeuropas identisch.

Anzunehmen, dass auf den Bahamas um 12.000 vZ die erste Zivilisation Amerikas entstand, die bald ebenso versank wie alle anderen vorsintflutlichen Zivilisationen der Erde. Die Überlebenden der diversen Tsunamis, die ihre Heimat verschluckten, traten den Rückzug aufs Festland an und siedelten wieder an der Küste von Westyukatan, das leider zwischen 10.000 vZ und 5500 vZ ebenso Stück für Stück im Meer versank wie Ur-Padania, das Golf-Paradies und die Sunda-Halbinsel. Die ersten Zeugnisse dieser Kultur fand man wieder am Golf von Mexiko in der Gegend von Vera Cruz, dorthin waren die letzten Überlebenden an Land geflüchtet, als die letzten Reste des amerikanischen Atlantis im Meer versunken waren. Laut der offiziellen Geschichtslehre entstand dort wie aus dem Nichts die Olmekische Kultur, aus der sich später Teotihuacan, die Tolteken, die Mayas und Azteken entwickelten. Die glaubten noch 1519 nZ, dass ihre Vorfahren als „Weiße Götter" übers Meer aus dem Osten gekommen waren, was wahrscheinlich genau den Tatsachen entsprach. Solutrienne-Werkzeugmacher aus Europa mit ihren High-Tech-Waffen, ihrer weißen Haut und ihren Bärten müssen den Ur-Amerikanern wohl wie Götter erschienen sein. Nur so lässt sich das Missverständnis der Azteken erklären, die die Spanier mit ihren Bärten für „Weiße Götter" hielten, die erneut übers Meer gekommen waren, um den Fortschritt zu bringen so wie schon 12.000 Jahre zuvor. Leider brachten die neuen Weißen Götter nur Tod und Verderben, aber das konnte Aztekenkönig Montezuma ja nicht ahnen, als er sie in seinen Palast einlud.

Die Bahama-These passt mit dem Weltbild der Hopi-Indianer zusammen, einem der ältesten und weisesten Völker Nordamerikas, dessen Weissagungen die Ökobewegung der USA massiv beeinflusst haben. Die Hopis sind Nachkommen der Anasazi und der Pueblo-Völker, die vor 1000 Jahren im Südwesten der USA beeindruckende Städte und Kulturen errichteten, die aber plötzlich wieder verschwanden, wahrscheinlich wegen Dürre-Katastrophen und dem Ansturm, der Na-Dene-Völker aus dem Norden, die heute als Navahos und Apachen noch riesige Reservate in Arizona und New Mexiko besitzen. Die Hopis flüchteten auf die Mesa Verde, das Hopi-Reservat bildet heute eine einsame Insel inmitten des großen Navaho-Landes. Die Hopi verstehen sich als ältestes Volk der USA, die Anasazi und Pueblos sind Ausläufer der Kultur von Zentralmexiko, die sich nach Norden ausgebreitet hat. Die Ahnen der Hopis stammen daher von den Bahama-Atlantern ab und wichen vor 5 großen Fluten zurück:

1. 10.000 BC zerstörten die ersten Tsunamis die Tempel und Siedlungen auf den Bahamas, die man heute vor Andros und Bimini im Meer findet. Die Atlanter flüchteten an die Küsten des höher gelegenen Groß-Kuba.

2. Als die Küsten Groß-Kubas im Meer versanken, flüchteten die Atlanter nach Groß-Yucatan.

3. Als West-Yucatan im Meer versank, flüchteten die Überlebenden an die Golfküste vor dem Isthmus von Tehuantepec.

4. Als die Golfküste im Meer versank, flüchteten die Atlanter an die neue Küste vor Vera Cruz und wurden zu Olmeken. Deren Abkömmlinge gründeten die Anasazi-Kultur in Arizona.

5. Als die Anasazi-Kultur in der Völkerwanderung der Na-Dene-Völker unterging, flüchteten die Überlebenden auf die Mesa Verde und wurden zu Hopis.

Die versunkene Kultur

Mit der Überlieferung der Hopis schließt sich der Kreis von der Sintflut, den Überlieferungen der alten Völker bis hin zur neuen Sintflut des Treibhauseffekts und den notwendigen Erneuerungen der Jetztzeit. Zeit, die Brücke zu schlagen zwischen vermeintlich überholten Überlieferungen, neuen naturwissenschaftlichen Erkenntnissen und dem roten Faden der Menschheitsentwicklung.

Noch werden Erzählungen von versunkenen Kontinenten, von Atlantis und Lemuria, ins Reich der Legenden verwiesen. In dieser Ablehnung „unwissenschaftlicher Ideen" sind sich Professoren und Priester wie selten einig, ungeachtet dessen, dass spirituelle Medien von diesen Hochkulturen berichten und ungeachtet der Weisheitslehren, die uns Wissen aus dieser Zeit vermitteln wollen.

Eh klar, alles esoterische Spinnerei. Darf man nicht mal drüber nachdenken. Und überhaupt wurde Atlantis nie gefunden, obwohl es die Legende seit Platons Zeiten gibt (und wohl seit den alten Ägyptern, von denen Plato sie abgeschrieben hat).

Wie soll man etwas finden, das keiner sucht und wenn überhaupt, dann an der falschen Stelle?

Laut Überlieferung sind Atlantis und Lemuria vor mindestens 10.000 Jahren im Meer versunken. Wo sind sie also zu suchen? Richtig – sie müssen natürlich irgendwo am Meeresgrund zu finden sein. Eins zu null für den Hausverstand, denn kein Archäologe der Welt käme auf die Idee, im Meer nach verschollenen Zivilisationen zu suchen, obwohl die Unterwasserarchäologie dazu inzwischen alle notwendigen Instrumente zur Hand hat. Die Taucher sollen spanische Goldschiffe und griechische Galeeren heben und ansonsten Ruhe geben. Dabei liefern Taucher jede Menge Hinweise auf untergegangene Städte, sogar beeindruckende Fotos – vor den Bahama-Inseln Bimini und Andros, vor Japan, im Schwarzen Meer, vor Kreta und an vielen anderen Orten. Aber solch „unwissenschaftlichen Hypothesen" geht man natürlich nicht nach, denn das könnte das Weltbild der Historiker für alle Zeit verändern.

Also nochmal mit Hausverstand: 10.000 vZ schmolzen die Eisschilde der Nordhalbkugel, binnen 4500 Jahren stieg der Meeresspiegel um 120 Meter, genau in der Zeit, als Atlantis untergegangen sein soll. Wenn es damals erste Kulturen gab, dann lagen die mit Sicherheit an den Küsten und versanken allesamt im Meer, und zwar weltweit: am Atlantik, am Mittelmeer, im Indischen Ozean und im Pazifik. Sollte es Atlantis im Atlantik und Lemuria im Pazifik gegeben haben, dann gingen sie in eben dieser Zeit unter. Sollte es sie nicht gegeben haben, dann wissen wir erst recht nicht, welche menschlichen Kulturen unter dem Meer zu finden sind, auf all den fruchtbaren Kontinental-Schelfen, die vor 12.000 Jahren noch über Wasser lagen.

Aber 10.000 vZ gab es doch nur primitive Jäger- und Sammlerkulturen, also sind solche Überlegungen Blödsinn. Doch diese Annahme ist längst widerlegt. 10.000 vZ gab es in Göbekli Tepe eine Riesenanlage aus 27 Tempeln, mit Tierreliefs in einer

Art Bildersprache angeordnet von beeindruckender Kunstfertigkeit, wie sie erst 7000 Jahre später wieder von den Ägyptern erreicht wurde. Dass diese regelmäßig und kreativ behauenen Säulen von ein paar hundert Jägern aufgestellt worden seien, ist Mumpitz. Der Ausgrabungsleiter Klaus Schmidt möge mir den Ausdruck verzeihen, aber er war offensichtlich so befangen, dass er das Offensichtliche nicht erkennen konnte: Es wäre technisch und handwerklich für damalige „Jägerkulturen" völlig unmöglich gewesen, solche Säulen zu errichten. Schmidts Jäger-These erklärt auch nicht, warum dieses erste Wunder der Menschheit 1000 Jahre später zugeschüttet wurde und es danach 6000 Jahre einen Rückfall ins kulturelle Nichts gab, obwohl nach gängiger Lehre in diesen Jahren die Ackerbaukulturen aufstiegen und die Bauernvölker dann viel mehr Ressourcen und Menschen zur Verfügung hatten, etwas Ähnliches zumindest nachzumachen.

Ein derartiger kultureller Abfall hat einen Grund, auch wenn wir diesen nicht kennen. In jedem Fall widerspricht Göbekli Tepe der These, dass 10.000 vZ ein zögerlicher Anfang der sesshaften Zivilisation anzusetzen sei, denn dann hätte es von Jahrtausend zu Jahrtausend ausgereiftere Tempel geben müssen und nicht einen Absturz ins Nichts.

Eine vehement abgelehnte Legende passt allerdings gut zu den Fakten. Die überlebenden Atlanter flüchteten an die Küsten des Mittelmeers und gaben ihr Wissen an die Völker dort weiter. Alle ihre Bauten verschwanden unter dem Meer, das ja um 120 m stieg. Nur Göbekli Tepe blieb stehen, weil es weiter im Landesinneren gebaut worden war. Aber selbst Göbekli Tepe wurde zugeschüttet, als die letzten Atlanter ihr Wissen von wilden Barbaren bedroht sahen.

Diese Geschichte muss natürlich nicht stimmen. Aber zumindest liefert sie eine Hypothese, die plausibler ist als Klaus Schmidts Hinbiegen der „Tatsachen", damit das Weltbild von den dummen Vorfahren wieder stimmt.

Eines ist klar: Wer immer Göbekli Tepe gebaut hat, tat es nicht für ein paar Regentänze von Samensammlern, sondern für ausgefeilte Rituale einer Hochreligion, wie es sie erst in der ägyptischer Pharaonenzeit wieder gab.

Was für ein Gegensatz zum Weltbild der modernen Pharisäer, die glauben, Hochkulturen und Hochreligionen wären erst in der Antike entstanden.

Im Religionsunterricht lernten wir, dass erst mit Christus und der katholischen Kirche die Religion in die Welt gekommen ist. Vor der Kreuzigung Christi herrschte finsteres Heidentum, das inzwischen Gott sei Dank vom Papsttum beseitigt worden ist. Diese religiöse Überheblichkeit der Kirche wird durch die offizielle Geschichtsschreibung bekräftigt, die eine Geschichte der christlichen Sieger ist, die über alle Konkurrenten nur Schlimmes zu berichten hat.

Diese vorurteilsbeladene Sicht der spirituellen Welt verengt die Wahrnehmung der Europäer so, wie es sonst nur die Scheuklappen der Pferde tun. Bestenfalls akzeptieren wir noch das Alte Testament des Judentums, die Heiligen Bücher des Hinduismus und die buddhistische Lehre von der Achtsamkeit. Es gilt als Gipfel der Toleranz, dass sich heute die großen Weltreligionen nicht mehr bekriegen und sich ein Mindestmaß an Weisheit zugestehen. Die letzten 2500 Jahre, in denen alle Großreligionen entstanden sind, gelten als Hohe Zeit der Zivilisation, vorher herrschte vorsintflutliche Steinzeit.

Doch leider ist die kirchliche Erzählung von der Achsenzeit um 500 vZ, in der die Weisheit in Form männlicher Kirchengründer in die Welt kam, schlichtweg falsch. Nicht nur ignoriert diese Sichtweise alle Religionen der frühen Antike, sie schließt apodiktisch aus, dass es vor Ägyptern und Sumerern nennenswerte Kulturen oder gar nennenswerte Religionen gegeben habe. Kann ja nicht sein, wenn man die Erschaffung der Welt auf 4004 vZ datiert, was viele Kreationisten noch heute tun.

Die verschwundene Religion

Sowohl Naturwissenschaftler als auch Priester bekämpfen alle Vorstellungen von Hochkulturen in vorantiker Zeit mit dem gleichen dogmatischen Eifer. Ihre Emotionen erklären sich aus der Bedrohung, die alte Kulturen sowohl für die allwissende Naturwissenschaft als auch für die allmächtige Priesterschaft darstellen. Da die Sage von Atlantis nicht umzubringen ist und es über Atlantis mehr Bücher gibt als über manche Kulturen der Antike, ist der Abwehrkampf umso heftiger, je mehr man solche „unwissenschaftliche Esoterik" unter der Decke halten muss.

Universitäten und Kirchen haben jeweils eigene Totschlagargumente. Für Priester können die Legenden nicht stimmen, da sie ja nicht in der Bibel stehen, dem einzigen von Gott autorisierten Buch der Welt (Obwohl sich selbst da die Frage ergibt, wie die Menschen denn vor der Sintflut gelebt haben, als welche der Untergang der Schelfgebiete noch in allen Völkern erinnert wird). Für die Archäologen können sie nicht stimmen, da man dazu keine Hinweise gefunden hat. Beide Argumente sind in etwa gleich logisch, bzw. unlogisch. Wir wissen heute, wie die Bibel zustande gekommen ist, als reines Menschenwerk des 6. Jhdt. vZ. Wenn man versunkene Regionen aus Prinzip nicht untersucht, gibt es natürlich auch keine Messungen, die etwas belegen, was man gar nicht finden will.

Den Dogmen weißer Männer zum Trotz schwappt derzeit eine „Esoterik-Welle" über Europa, bei deren Ausmaß und Intensität jeder Priester vor Neid erblassen müsste. Medial Begabte empfangen faszinierende Botschaften von spirituellen Wesen aus dem Jenseits, die neuen weiblichen Priesterinnen handeln danach und heilen viele Menschen. Wir erleben die Geburt einer von Frauen getragenen Glaubensbewegung, die nur deshalb keine Macht hat, weil sie natürlich keinerlei Geldmittel erhält, denn die hat sich schon alle der Vatikan gekrallt. Das ist der spirituellen Basis aber herzlich egal, denn anders als den männlichen Priestern geht es den Frauen nicht ums Geld, sondern um den wehenden Geist, der sie befreit.

Vielleicht ist die neue Esoterik-Religion gar nicht neu, sondern die älteste Hochreligion der Welt, einst im Meer versunken, von den Priestern verleugnet und von den Mächtigen bekämpft, da man deren spirituelle Inhalte nicht benutzen kann, um damit die patriarchalische Unterdrückung zu rechtfertigen. Es gibt unzählige Bücher und Berichte, die von Wesen berichten, die einst auf Atlantis lebten und der heutigen Menschheit das verlorene Wissen ihrer Hochkultur vermitteln wollen, weil anders die Welt nicht mehr heil werden kann. Edgar Cayce, das wohl berühmteste Medium der Neuzeit, sprach schon vor 100 Jahren vom Wiederauftauchen von Atlantis in der Gegend der Bahamas. Diese waren einst eine Insel so groß wie Florida, in Reichweite des amerikanischen Festlandes.

Heute fürchten sich die Menschen davor, dass das Meer auf Grund des Klimawandels um 63 cm steigen könnte, dann würden alle Millionenstädte an den Küsten im Meer versinken. Bei 120 m Meeresanstieg wie vor 10.000 Jahren würde alles Kulturland der Menschheit im Meer verschwinden und außer einer Sage von einer großen Flut bliebe nichts übrig von unserer Zivilisation. Das wäre dann sozusagen Atlantis 2.0.

In der Kenntnis der verdrängten Vorzeit sind uns die „Primitiven" wieder mal voraus. Die Aborigines Australiens berichten in ihrer mündlichen Überlieferung, der „Traumzeit", von all den versunkenen Orten und Küsten, an denen ihre Vorfahren gelebt haben. Sie erinnern sich noch, wo sie aus Asien kommend angelandet sind und welche heiligen Plätze sie dort hatten. Die Aborigines sind die erste Welle der Auswanderer „Out of Afrika" und schon vor 60.000 über den Ozean nach Australien gefahren. Sie waren damals die Elite der Menschheit. Vielleicht sind sie das immer noch und wir sind nur zu verblendet, um dies zu erkennen.

Alte Weisheit im Untergrund

Durch die 5 patriarchalischen Religionen Christentum, Islam, Hinduismus, Buddhismus und Konfuzianismus wurde in allen großen Reichen die Vielfalt der Glaubenslehren zerstört und durch die Herrscherhäuser jeweils eine als alleinig richtige durchgesetzt. Das Wissen der Stämme, der Frauen und der alten Kulturen wurde überall verteufelt und in den Untergrund gedrängt, wo es allerdings bis heute überlebt hat.

Trotz patriarchaler Unterdrückung hielten sich die Traditionen der weisen Frauen in den unterdrückten Schichten. Die

„heidnischen" Bräuche blieben so stark, dass die Religionen sie nicht ausmerzen, sondern nur mit „richtigen und wahren" Dogmen überlagern konnten. Die Geschichte der katholischen Kirche ist dafür das beste Beispiel: Die jungfräuliche Muttergöttin wurde zur Jungfrau Maria, die Jesus vom Heiligen Geist empfangen hat. Die Göttinnen der alten Völker wurden zu christlichen Heiligen. In Peru ist Pachamama gleichzeitig die Jungfrau Maria und so regt sich keiner auf, wenn die alten Bräuche fortgeführt werden. Von Jesus Christus stammt kein einziges der katholischen Dogmen, diese entstanden allesamt zwischen 325 und 1954 nach Christus, um den schwelenden Kampf gegen das Heidentum immer wieder neu zu gewinnen.

In den letzten 2500 Jahren kam es regelmäßig zu geistigen Aufständen, die Versuche waren, die Weisheit der Urgesellschaft wiederherzustellen. Die Urchristen waren pazifistisch, lehnten weltliche Macht ab und sahen Frauen als gleichberechtigt an. Die meisten Jünger Jesu waren Frauen, der wichtigste Apostel hieß Maria Magdalena. Die Lehre Jesu wurde nach kürzester Zeit von Paulus verfälscht, einem hellenistischen Renegaten, der die Frauen zum Schweigen verurteilte (angeblich, nach neuer Erkenntnis wurde ihm das später nur unterstellt). Als die machtgierigen Bischöfe des 4. Jhdt. sich mit den Kaisern verbündeten, war es mit dem Frieden vorbei. Die Bischöfe stachelten die Christen zu Mord, Totschlag und zur Unterdrückung aller Andersgläubigen auf. Mehr noch: Sie vernichteten die Welt der griechischen Philosophie. Der Hellenismus war eine Zeit des Wissens, Griechen und Römer bauten für jedermann zugängliche Bibliotheken und Universitäten, wo auch Frauen sich bildeten. Die letzte Rektorin der größten antiken Universität war Hypatia, ein weibliches Genie, deren Berechnungen der Kegelschnitte noch heute gelten. Auf Grund ihrer Klugheit war sie den Christen so verhasst, dass diese sie 415 nZ zerstückelten (Chotjewiez 2002). In der Folge verbrannten die „barmherzigen Christen" alle Schriftrollen, zerstörten die antiken Bibliotheken und verboten alles Wissen, das nicht aus der Bibel stammt. Ab da funktionierte die katholische Herrschaftsmaschinerie perfekt.

Trotz aller Verfolgung überlebten europäische Priesterinnen und Schamaninnen als weise Frauen, Hellseherinnen, Warzenwenderinnen und Heilerinnen, die mit der traditionellen europäischen Medizin mehr ausrichteten als die Mönche mit ihren Gebeten und die Ärzte mit ihrem Aderlass. Am Beginn der Neuzeit landeten die meisten Heilerinnen auf den Scheiterhaufen der Inquisition und so ging ihr Wissen verloren.

Die alten Geheimlehren aus Atlantis, Ägypten und Babylonien durften nur von männlichen Gelehrten fortgeführt werden, teils im Einklang mit der katholischen Macht, teils von ihr verfolgt. Sie überlebten als Magier und Astrologen. Da das Mittelalter magisch dachte, waren die von Hermetikern und Alchimisten angepriesenen Wunder beliebt und im Grunde etwas völlig Normales. Die Kirche versuchte der Konkurrenz Herr zu werden, als sie Wunder im Namen Christi anpries und die Wunder in jene einteilte, die von Gott stammten und mit dem Segen der Kirche geschahen und andere, die der Teufel hervorbrachte, um die Menschen zu blenden und ihre Seelen zu kaufen. Ob etwas weiße oder schwarze Magie war, hing allein vom Segen und Urteil des Papstes ab. So ließ sich der Herrschaftsanspruch über die magische Welt sichern, indem man alles für des Teufels erklärte, was ohne katholische Priester ablief. Die Kirche bleibt dem magischen Denken bis heute verhaftet, im Positiven wie im Negativen: Es gibt einerseits Wunder durch Anrufung von

Heiligen und andererseits Exorzismus, durch den teuflische Zaubereien ausgetrieben werden. Die Naturwissenschaft hat inzwischen die geistigen „Teufelsaustreibungen" übernommen, indem alles als „unwissenschaftlich" abgelehnt wird, was nicht in die Dogmen der Empiriker passt. Solches Teufelszeug wird natürlich gar nicht erst empirisch überprüft, denn das könnte zu unerwünschten Ergebnissen führen.

Auf Grund von 1700 Jahren katholischer Dogmatik, deren Strukturen mit geänderten Prämissen an den Universitäten fortgeführt werden, ist das westliche Weltbild so verarmt, dass unser reduziertes rationalistisches Denken den Großteil unserer multidimensionalen Umwelt ausblendet. Das Ergebnis dieser Denkverzerrung kann sich sehen lassen: Durch die Vernichtung der Naturvölker haben wir den Kontakt zur Natur verloren und zerstören sie in atemberaubendem Tempo bis hin zum Ökozid. Durch die Zerstörung der Matrifokalität unterdrückten wir die weiblichen Fähigkeiten und verloren das Glück und die Geborgenheit der frühen Kindheit, nach der alle Süchtigen dann ein Leben lang vergebens streben. Durch die Vernichtung der alten Weisheitslehren zerstörten wir unsere Intuition und die Fähigkeit, das eigene Leben mit positiven Energien aufzuladen. Der Machtgewinn der katholischen Kirche war dreifach: Die Priester brachten ihren Schäfchen bei, der Natur zu misstrauen und die Tiere zu verachten. Sie nahmen den Frauen jede Würde und Kraft. Sie brachten den Menschen bei, dass alle parapsychologischen Fähigkeiten des Teufels seien.

Sind sie natürlich nicht, sie sind auch nicht unwissenschaftlich. Prof. Bender von der Universität Freiburg untersuchte Telepathie, Poltergeister und Telekinese über Jahrzehnte mit empirischen Methoden. Die Militärs von USA und Russland haben geheime Labors, in denen Gedankenbeeinflussung zu militärischen Zwecken trainiert wird. Aber dazu stellt man besser keine Fragen, wenn man überleben will.

Hermetik

Die verschwundene Religion ist nie ganz verschwunden, sondern hat sich über geheime Traditionen bis zum heutigen Tag überliefert. Im Mittelalter nannte man die alte Weisheitstradition das hermetische Denken, festgelegt in den hermetischen Gesetzen des Hermes Trismegistos. Die Alchimie versuchte, nach diesen Gesetzen geistige und physische Transformationen hervorzurufen.

Der Sage nach stammen die hermetischen Gesetze von Imhotep, dem Berater des Pharaos Djoser, einem genialer Baumeister und Weisheitslehrer, Erfinder der Pyramiden und der okkulten Lehre der ägyptischen Priester. Grundgedanke der Hermetik ist, dass der Geist die Welt hervorruft. Die Welt erschafft sich aus sich selbst, alles Materielle ist auch Geist und Energie. Alles was wir sehen, besteht aus Schwingungen in verschiedenen Frequenzen. Bei dieser Erkenntnis ist inzwischen auch die moderne Physik angelangt. Die Hermetiker behaupten allerdings, dass der Geist bestimmt, in welcher Frequenz etwas schwingt. So hat der Geist Macht über die Materie und erschafft sich jeder Mensch seine Welt gewissermaßen selbst. Transformation geschieht durch Veränderung der Schwingungen, dies ist immer und überall möglich, allerdings nur innerhalb der Dimensionen, die zwischen 2 Polen aufgespannt sind. Die Dimension Temperatur kann man zwischen Kalt und Warm verändern, man kann allerdings nicht Schwerkraft daraus machen.

In den ägyptischen Tempelschulen wurden diese geistigen Kräfte trainiert, ähnlich dem Training, das in chinesischen Shaolin-Klöstern stattfindet. Pyramiden waren Zentren der Energiekonzentration, die das Bündeln der geistigen Kräfte förderten. So wie ein Shaolin-Mönch ungeahnte Kräfte entwickelt, so beherrschten die Ägypter die Levitation, wenn sie Felsblöcke übereinander türmten.

Der Sage nach war Hermes Trismegistos, später zum Gott Ptah/Toth erhoben, ein überlebender Priester aus Atlantis, der das atlantische Wissen weitergab. Deshalb hatten die Ägypter Fähigkeiten, die wir uns heute gar nicht mehr erklären können. Erst im späten, degenerierten Stadium wurden die heute noch sichtbaren Bauten zu Königsgräbern erklärt und die Ägypter damit zu geistlosen Dummköpfen degradiert, die dem Pharao ihr ganzes Leben opferten, damit der ein schönes Mausoleum hatte. Wie solche Dummköpfe den ersten bekannten Kulturstaat der Welt errichten konnten, leuchtet niemandem ein, aber am Mythos der Primitivität der Ägypter wird trotzdem eisern festgehalten.

Die hochgejubelte griechische Antike ist nur ein später Abklatsch ägyptischen Wissens. Griechen lernten in ägyptischen Tempelschulen, nahmen sich daraus Bruchstücke mit nach Hause und formten aus kleinen Splittern der Hermetik die Prinzipien der griechischen Philosophie. Plato hatte nicht nur die Sage von Atlantis aus Ägypten, der ganze Platonismus ist eine vereinfachte Form der Hermetik, die bis heute weiterlebt. Das berühmte Höhlengleichnis ist eine banale Vereinfachung der hermetischen Lehre von der Erschaffung der Welt durch den Geist. Der mathematische Satz des Pythagoras stammt ebenso aus Ägypten wie die ganze Harmonie- und Zahlenlehre der

Pythagoräer. Die Hermetik lebte auch in der urchristlichen Gnosis weiter, als Lehre von den vielen Emanationen der geistigen Welt, von denen die materielle Welt nur eine ist.

Das Alte Testament war ein Ableger ägyptischer Lehren, vermischt mit babylonischen Mythen. Moses stammte aus Ägypten, das sagt schon sein Name. Moses war der häufigste altägyptische Name, er bedeutet schlich und einfach Sohn. Thutmosis, Sohn des Thot, Ramses, Ra-meses, Sohn des Ra. Das waren Abstammungsnamen wie heute Jakobsen, Sohn des Jakob und Johannson, Sohn des Johann. Die Moses-Sage ist eine allegorische Beschreibung der Befreiung Israels aus der Herrschaft des Pharaos. Im 2. Jtsd. vZ war Palästina eine Kolonie der Ägypter, deren Herrschaft erst mit dem Ansturm der Philister 1200 vZ. endete. Der Monotheismus wurde von Pharao Echnaton erfunden und nach dessen Tod wieder annulliert. Echnaton-Anhänger flohen in die arabische Wüste und beeinflussten die semitischen Hebräer. Viele dieser ägyptischen Flüchtlinge hießen wohl Moses und so entstand nach 700 Jahren die alttestamentarische Sagengestalt.

Die christliche Auferstehungslehre ist ein Abklatsch des ägyptischen Osiris-Kultes von heimtückischer Tötung (Judas ersetzte den ägyptischen Schurken Seth), Zerstückelung und Wiederauferstehung des Osiris. Dieser Kult war in Ägypten bereits 1500 Jahre lang bekannt, als die ersten Christen in Ägypten siedelten. Dort wurde jeden Frühling die Auferstehung des Osiris gefeiert, erst 60 Jahre nach der Kreuzigung Jesu wurde dieser Kult in den Evangelien als Auferstehung des Herrn wiedergeboren.

Sternenkunde

Alle alten Völker richteten ihre Kulte und ihre Bauten nach den Sternen aus. Die ägyptischen Pyramiden sind eine Projektion des Sternbilds Orion (Osiris) auf Ägyptens Landfläche, die Pyramiden von Gizeh entsprechen den drei Sternen des Orion-Gürtels. Sumerer und Babylonier erfanden die Astronomie und die Mathematik. Ihr Zahlensystem beruhte auf der 12 und der 5, sowie auf der 60 (5mal12). Unsere moderne Zeiteinteilung ist immer noch babylonisch, die 2 mal 12 Stunden, die 12 Monate, die 60 Minuten, die 360 Winkelgrade des Kreises sind seit 5000 Jahren die Grundlage unseres Kalendersystems.

Die Babylonier dachten hermetisch, weswegen sie jedem Stern geistige und physische Wirkungen zuschrieben. Die Trennung von Astronomie und Astrologie ist ein Brauch der späten Neuzeit, noch Johannes Kepler war der Astrologe der Feldherren und Könige seiner Zeit. Bis ins Barock war unsere heutige Vorstellung von seelenlosen Materiehaufen für europäische Gelehrte ein Unding. Wenn Geist und Materie miteinander verbunden sind, dann müssen die größten Materieansammlungen im Sonnensystem wohl auch einen geistigen Einfluss auf die Erde haben.

Heute leben Astrologen wieder gut von ihrem Beruf, obwohl sie von der Wissenschaft massiv bekämpft werden. Gerda Rogers ist eine der beliebtesten Persönlichkeiten Österreichs, obwohl ihre Analysen nicht besonders differenziert sind. Wissenschaft ist Überprüfung von Phänomenen, lernte ich während meines Psychologiestudiums und so verglich ich astrologische Horoskope mit den Aussagen psychologischer Persönlichkeitstest. Die Astrologie gewann haushoch, sowohl in der Treffergenauigkeit als auch in der Präzision der Aussagen.

Vom Saulus zum Paulus bekehrt, mache ich seit 40 Jahren astrologische Persönlichkeitsanalysen, noch nie hat sich einer der Getesteten in seinem Horoskop nicht wiedererkannt. Horoskope beruhen auf 5000-jähriger Beobachtung hunderter Forschergenerationen, sie arbeiten mit dem ältesten psychologischen System, das wir kennen.

Aus Sicht der Hermetiker ist Sternenkunde etwas völlig Logisches. Wenn im Universum alles physisch und geistig gleichzeitig ist, dann ist auch das Sonnensystem ein physisch-geistiger Organismus, Sonne, Planeten, Monde und Kometen sind seine Organe, ihre Bewegungen zueinander und voneinander weg erzeugen ständig neue Spannungsqualitäten, die auf Aura und Seele einwirken. Bei Sonne, Mond und Kometen ist die Wirkung auch physisch sichtbar und eindeutig, ohne Sonnenlicht, Schwerkraft des Mondes und Kometeneinschläge gäbe es uns Menschen nicht. Warum sollen die Planeten also keine Wirkung haben, die ein fühliger Mensch spüren kann? Aus 40 Jahren psychologisch/astrologischer Arbeit kann ich nur sagen, die Wirkung ist messbar.

Kaum einer weiß, dass viele psychologische Theorien aus der Astrologie abgeschrieben sind. So sind die 4 Grundformen der Angst nach Fritz Riemann, die 4 psychiatrischen Grundstörungen (hysterisch, depressiv, schizoid, zwanghaft) und die 4 Persönlichkeitstypen C.G. Jungs nebbich astrologische Beschreibungen der 4 Elemente Luft, Wasser, Feuer und Erde. Wer immer von extrovertierten und introvertierten Typen spricht (und das tut fast jeder) verbreitet insgeheim astrologisches Wissen, ohne sich dessen bewusst zu sein.

Wissenschaftliche Theorien halten sich selten länger als 100 Jahre, dann gelten sie als überholt. Die Grundzüge der hermetischen Philosophie ziehen sich durch alle Kulturen und Epochen, seit es Aufzeichnungen gibt. Inder und Chinesen arbeiten völlig ungeniert mit der „unwissenschaftlichen" Ur-Energie, nennen Chi oder Prana, was für die Griechen der Äther und für die Ägypter das Ka war. TCM und Ayurveda funktionieren nach diesen Lehren seit Jahrtausenden und sind nicht umzubringen. Eine solche Bewährungsprobe an der Realität haben Schulmedizin und Technik noch zu leisten, beide gibt es erst seit 150 Jahren, in 50 Jahren sind vielleicht viele Verrücktheiten der Moderne schon wieder vom Antlitz der Erde verschwunden, sei es durch Einsicht oder durch den völligen Zusammenbruch der Menschheit.

Prinzipien, die sich in allen Geschichtsepochen und Kulturen finden, haben wohl eine lange und alte Geschichte. Es ist ein seltsamer Gedanke, dass alle bewährten Strukturen der Menschheit primitiv und vorsintflutlich sein sollen. Obwohl — vorsintflutlich sind sie wahrscheinlich tatsächlich, weil es sie schon vor 10.000 BC gab.

Wir sind schon einmal untergegangen

Die Menschen fürchten sich so oft und so regelmäßig vor allen möglichen Formen apokalyptischen Untergangs, dass mir für dieses seltsame Phänomen nur zwei mögliche Erklärungen einfallen:

1. Die Menschheit leidet an einer kollektiven Untergangsneurose mit chronischem Pessimismus und negativer Wahrnehmungsverzerrung, die dazu führt, dass wir durch unser negatives Denken unbewusst eine Katastrophe

nach der anderen hervorrufen. Das würde immerhin den derzeitigen Zustand unseres Planeten ganz gut erklären.

oder

2. Die Menschheit ist schon mindestens einmal untergegangen.

Die 2. These ist viel einfacher und deckt sich mit den geologischen und klimatologischen Tatsachen. Nach Okhams Rasiermesser ist meist jene These richtig, die einfacher ist und mehr erklärt.

Wir sind schon einmal untergegangen. Diese These ist einfach und erdgeschichtlich belegt. Am Ende der Eiszeit verschwand ein Großteil der Küstengebiete unter dem Meer. Mit den Küsten wohl auch die meisten Zeugnisse unserer frühesten Kulturen, wie immer man sie nennen mag.

Bevor die Schelfgebiete nicht archäologisch untersucht sind, kann man weder beweisen, dass es vorsintflutliche Kulturen gab, noch behaupten, dass es sie nicht gab. Solange es also keinerlei empirischen Daten darüber gibt, kann man entweder darüber schweigen, weil keiner die Wahrheit kennt…

…oder man wertet die zahlreichen Zeugnisse der mündlichen Überlieferungen in aller Welt aus, die in der Mehrzahl von solchen Kulturen erzählen. Auch dazu sind alle Instrumente aus Ethnologie, Linguistik, Mythen- und Gesellschaftsforschung vorhanden.

Einen Versuch ist es wert: Stellen wir uns kurz die Welt im Jahr 10.100 vZ vor. Die Menschheit hat sich in aller Welt ausgebreitet und sich in allen fruchtbaren Gebieten häuslich eingerichtet. Die meisten Kulturen gibt es seit 30.000 Jahren. 1500 Menschheitsgenerationen lebten in einem sicheren Paradies und konnten sich in Ruhe entfalten, meist litten sie keinen Hunger und hatten ihre Umwelt im Griff. 1500 Generationen lang gaben die klügsten Köpfe ihr Wissen an die nächsten Generationen weiter, entwickelten Denkmodell, überprüften sie, verwarfen, was nicht funktionierte und entwickelten das Bewährte weiter. Bei der fast suchtartigen Neigung menschlicher Gehirne nach kreativen Ideen und fantasievollen Erweiterungen der Welt muss da im Laufe der Zeit eine Menge Kultur zusammengekommen sein.

Vielleicht ging es den damaligen Eliten so gut, dass sie übermütig wurden. Sie hatten so viele Energien entdeckt, dass sie alles für möglich und machbar hielten. Man konnte Steine zu Pyramiden auftürmen, das Wetter beeinflussen, vielleicht sogar Erdbeben erzeugen. Einige kluge Köpfe warnten davor, dass nicht alles was machbar ist, auch gut ist und getan werden muss. Aber die Machbarkeitsfanatiker ließen sich davon nicht aufhalten.

Dann ging die damalige Welt unter, das Land der Zivilisationen versank, die Überlebenden wurden auf das primitive Leben der Steinzeitjäger zurückgeworfen.

Manche hielten dies für ein Strafgericht der Götter und gründeten deshalb Religionen, um die Götter wieder zu besänftigen, damit sie nicht weitere Plagen schickten.

Niemand hatte eine Ahnung vom Klimawandel und von Eiszeiten. Die Menschheit wurde vielleicht völlig unschuldig das Opfer von Eisschmelze und Erderwärmung. Aber das wusste ja niemand und drum konnte sich keiner sicher sein, ob er nicht doch schuld am Zorn der Götter war.

Manche aber wussten es sehr wohl. Die Magier und Zauberer, die gelernt hatten, mit riesigen Energien zu arbeiten und ihre

Träume vom Geoengineering auch ausgelebt hatten, sie wussten um ihre Verantwortung. Die einen verschwiegen ihre Schuld, um nicht gelyncht zu werden. Die anderen warnten ihre Nachkommen, nie wieder der Hybris der Machbarkeit zu verfallen, in sich zu gehen und ein gerechtes Leben zu führen. Die beiden Gruppen sind uns als schwarze und weiße Magier überliefert. Zarathustra nannte sie später die Kräfte des Lichtes und der Finsternis, die seit Anbeginn der Zeit einen Kampf um das Wohl der Erde führen.

So erzählen es die alten Mythen. Irgendwie erinnert mich das ganze an die Jetztzeit. Wohl nicht zufällig.

Wer hoch steigt kann tief fallen. Wenn die Menschheit schon einmal abgestürzt ist, so kann dies wieder geschehen, sehr wahrscheinlich sogar. Dann finden wir uns in postapokalyptischen Horrorvisionen wieder.

Die Aborigines wissen noch heute, dass sie zu viele Brände gelegt haben, bis Australien zu einer riesigen Wüste verkam. Deswegen sind sie so zurückhaltend im Einsatz von Energie und so sparsam in der Produktion von Gütern. Sie sind nicht primitiv, nur vorsichtig, damit sie Mutter Erde nie wieder so schaden wie damals.

Wir könnten also auch aus der Vergangenheit lernen und es diesmal besser machen. Statt Atlantis und Weltuntergang 2.0 könnten wir die Hürde zum Neuen Bewusstsein nehmen und uns in einer besseren Welt wiederfinden, die gerecht und liebevoll ist und wertschätzend mit allem Leben dieser Erde umgeht.

V. Patriarchat und Matriarchat

Der Absturz am Ende der Eiszeit

Homo sapiens entstand durch wiederholte Anpassung an Klimaveränderungen, die während der Eiszeiten der letzten 2,6 Millionen Jahre häufig waren, also genau in der Zeit, als die Gattung Homo sich aus den Australopithecinen herausentwickelte. Eis, Fluten und Dürren wechselten sich ab, die Urmenschen mussten immer neue ökologische und soziale Überlebensstrategien finden, um nicht auszusterben. Einerseits musste man neue Nahrungsquellen suchen, wenn die alten versiegt waren, andererseits musste der Stamm immer intelligenter zusammenarbeiten, denn Einzelindividuen hatten keine Überlebenschance. Männergruppen spezialisierten sich aufs Entdecken von Neuland, die Frauen versorgten die Kinder und differenzierten ihre soziale Intelligenz, ihre Empathie und Intuition. Hierarchien waren unmöglich, denn nur wenn alle Stammesmitglieder egalitär zusammenhielten, reichte die Überlebenskraft des Stammes aus, um die nächste Katastrophe zu überstehen. Meist versuchte man den Katastrophen durch Ortswechsel auszuweichen, was die Verbreitung von Homo erectus und Homo sapiens vorantrieb.

70.000 vZ dezimierte der Vulkanausbruch von Toba/Sumatra die Menschheit auf wenige tausend Menschen. Dieses Trauma stärkte offensichtlich den Zusammenhalt der Überlebenden und die Suche nach Überlebenschancen trieb Homo sapiens über das Meer nach Arabien. Die Homo sapiens erholten sich, erreichten 60.000 vZ die Sunda-Halbinsel, erfanden die Seefahrt und setzten nach Australien über. Krieg und Aggression hätte ihnen beim Überleben in keiner Weise geholfen, weswegen die Aborigines einen friedlichen und spirituellen Weg der Naturverbundenheit entwickelten.

Ab 10.000 vZ begann der Eisschild in Nordamerika und Europa zu schmelzen. Dabei stauten sich riesige Eisstauseen auf, die dann sehr plötzlich durchs Eis brachen, zu Überflutungen der Küsten und zum Absterben des Golfstroms führten. Das schnelle Versinken der Küstenlandschaften vor 12.000 Jahren (Die meisten Menschen lebten damals wie heute an den Küsten) musste alle Trauma-Reflexe aktivieren. Die wiederholten Durchbrüche der riesigen Eisstauseen in Nordamerika, im Ostseegebiet, im Altai und in Südrussland führten zu Tsunamis und zu rapiden Klimaveränderungen, die Küstensiedlungen gingen unter, woran sich alle Völker in ihren Legenden bis heute erinnern. Großen Überflutungen in Südrussland führten zu einem riesigen See, der das Schwarze und das Kaspische Meer umfasste, durch Verdunstung aber allmählich wieder in 2 Meere zerbrach, als kein Eiswasser mehr nachkam (Beide Meere haben keinen natürlichen Abfluss).

6200 vZ brachen die riesigen nordamerikanischen Agassiz- und Ojibwa-Eisstauseen in den Nordatlantik durch, die enormen Süßwassereinträge verdünnten das Salzwasser des Atlantiks, wodurch der Golfstrom 100 Jahre lang ausblieb (Misox-Schwankung). Dadurch fiel die Temperatur in Europa um 2 Grad und in Anatolien verdorrte das Getreide. Die Bauernkultur von Catal Hüyük verschwand, die Bewohner flüchteten nach Südrussland.

5.600 vZ durchbrach das steigende Mittelmeer den Bosporus, eine Sturzflut füllte das Schwarze Meer auf, das damals 100m tiefer lag als das Mittelmeer. Die Küstenbevölkerung flüchtete auf den Balkan und nach Südrussland. Zwischen 10.000 vZ und 5500 vZ kam es somit zu immer neuen Flutkatastrophen, die die Zivilisationen in der Entwicklung zurückwarfen, traumatisierten und zur Flucht zwangen.

Das Patriarchat entstand als Trauma-Reaktion

Bott (2014) und Uhlmann (2012) identifizieren den Untergang der anatolischen Bauernkultur als Ursprung des kriegerischen Patriarchats. Die Bevölkerung Anatoliens hatte sich vom Getreideanbau abhängig gemacht, diese Nahrungsbasis brach plötzlich weg. Die Bevölkerung war aber so angewachsen, dass eine Rückkehr zum Sammler-Nomadentum nicht möglich war, denn da wären 90% der in Jahrtausenden angewachsenen Bevölkerung verhungert. Als Nahrung blieben somit nur die Rinderherden der Männer-Clans, die erstmals in der Menschheitsgeschichte wichtiger waren als die Frauen-Clans, die sich um die Getreidefelder gekümmert hatten, die es plötzlich nicht mehr gab. Aber auch die Rinder starben in der Dürre sehr schnell, wenn sie kein Gras zu fressen hatten. In Panik brach der ganze Stamm auf, um neues Grasland zu finden und wanderte über den Kaukasus nach Norden. In der südrussischen Steppe gab es Gras, das Land war aber bereits von matrifokalen Stämmen besiedelt, die wenig Freude mit den Einwanderern hatten. So musste erstmals ein Land erobert werden. Da allmählich ein Mangel an für die Viehzucht unwichtigen Frauen entstand (die wurden bei Hunger als erste zurückgelassen) raubten die Viehzüchter die Frauen der Einheimischen, um

135

wieder Söhne zu bekommen, die als Viehhüter gebraucht wurden (Uhlmann 2012). Allmählich entstand die Kurgan-Kultur, die ganz Südrussland umfasste. Mächtige Häuptlinge und Patriarchen gingen aus den Reihen der Einwanderer hervor, sie besaßen das Vieh und damit die Macht, die eroberten Frauen und Einheimischen waren zu Hilfsdiensten abgestellt. Aus anatolischen Wurzeln und einheimischen Lehnwörtern bildete sich die ur-indogermanische Sprache, die sich weltweit verbreiten sollte. Es entstand das erste hierarchische Patriarchat mit Königen an der Spitze und dienenden Frauen, die im Laufe der Zeit immer stärker unterdrückt wurden.

5100 vZ führte eine weitere Klimaschwankung zu erneuten Dürren, diesmal auch in Südrussland. Die Bandkeramikkultur in Mitteleuropa brach zusammen, die Viehherden in Südrussland wurden dezimiert. Die Europäer antworteten auf diese Not mit einer matrifokalen und einer patriarchalen Reaktion.

1. Die Donauzivilisation als erste bekannte matrifokale Zivilisation

Im riesigen Donauraum hielten die Menschen zusammen, wie sie es nach der Toba-Katastrophe und allen anderen Klimakatastrophen getan hatten. Sie perfektionierten die Fluss-Schifffahrt und halfen sich gegenseitig durch Gütertausch. Im weiten Donauraum von Süddeutschland bis zum Schwarzen Meer fiel nie die ganze Landschaft trocken, es gab Gegenden mit viel Getreide und andere mit wenig. Also tauschten die Dörfer mit Nahrungsüberschuss mit Gegenden, die anderes zu bieten hatten, z.B. Bernstein, der das Gold der damaligen Zeit war, oder mit Gold und Silber, die in Rumänien gefunden wurden. Niemand bringt einen „Feind" um, wenn der einen vor dem Verhungern rettet. Da diese

Völker matrifokal organisiert waren, entwickelten sie den Handel, die friedliche Kommunikation und die weibliche Religion der großen Mutter, die durch tausende Mutterstatuetten bezeugt ist. Nahrung und Schmuck waren die Basis dieses Handels, der von den Interessen der Frauen geleitet war.

2. Das Patriarchat der Kurgan-Horden

Die bereits patriarchal/hierarchisch organisierten Indogermanen stahlen sich gegenseitig die Viehherden, um zu überleben. Dadurch entstanden immer mächtigere Königreiche mit alles beherrschenden Patriarchen an der Spitze. Um Viehherden zu stehlen war eine militärische Hierarchie notwendig, sonst verlor man den Kampf und musste sich geschwächt zurückziehen. Die Verlierer begannen, die Getreidespeicher der benachbarten Donauvölker zu plündern und diese Völker Schritt für Schritt zu erobern. In Moldawien, zwischen Donau und Bug, begann der ewige Krieg zwischen Bauern und Viehzüchtern, der sich bis heute fortsetzt, von dem jeder US-Western erzählt und der derzeit in Brasilien die letzten Regenwälder zerstört.

Die Matriarchate

Überall, wo die Indogermanen auftauchten, raubten und versklavten, schien die Welt fortan vom Krieg und vom Willen der Sieger bestimmt. Dieses patriarchale Geschichts- und Gesellschaftsbild hält sich bis heute, Aggression und das Recht der Sieger scheinen seitdem den Lauf der Geschichte zu bestimmen.

Feministische Patriarchats-Kritikerinnen widersprechen dieser Aggressions-These. Laut Armbruster, Wolf, v. Werlhof und vielen anderen kann so eine Theorie nur Männern einfallen, die ihre Gedankenwelt in die Vergangenheit projizieren. Laut Armbruster (2010) lebte der Mensch bis vor 6000 Jahren in matrivivial-avunkulatorischen Stammesgesellschaften. Die Frauen hielten die Sippe zusammen, von ihnen stammten die Kinder, die Bedeutung der männlichen Spermien war noch als gering eingeschätzt oder gar nicht bekannt. Die Brüder der Mütter halfen, die Kinder zu beschützen und zu ernähren, indem sie jagten und Feinde fernhielten. Die Sexualität war frei und ein Zeichen freudvoller Lebensenergie, Inzest wurde durch Chemotaxis verhindert. Die Vaterschaft war weder nachweisbar noch wichtig. Erst die südrussischen Indogermanen entdeckten, dass ein einzelner Stier viele Kühe befruchten kann und fingen an, gezielt zu züchten. Nach der Domestikation des Pferdes und der Erfindung des Streitwagens hatten sie überlegene Kriegswaffen und verbreiteten das Patriarchat, das seinen Höhepunkt in der Inquisition, der Hexenverbrennung und der Kolonisierung der ganzen Welt erreichte. Die Inquisition war der Höhepunkt der Entmachtung des Weiblichen. In 5000 Jahren überzogen die Patriarchen die Welt mit Kriegen und zerstören nun Mutter Erde selbst. Dieser Siegeszug spiegelte sich in den religiösen Vorstellungen: Von der gebärenden Urmutter über die Heilige Hochzeit, die zweitrangige Gattin eines männlichen Hauptgottes bis zum rein männlichen monotheistischen Gott schritt die Degradierung der Frauen voran und ging mit der Entrechtung aller Untertanen durch männliche Herrscher einher.

Ethnologische und archäologische Funde belegen Armbrusters These vom patriarchalischen Kulturbruch in der Kupferzeit ab 4000 vZ. Davor, in der ganzen Alt- und Mittelsteinzeit findet man

Abbildungen und Statuen von fruchtbaren und gebärenden Frauen. Heilige Berge, Höhlen- und Quellheiligtümer, sowie die Silben Ma und Ana haben sich bis heute in allen Sprachen und Kulturen als Zeugen der Großen Muttergöttin erhalten. Alle schriftlichen Überlieferungen hingegen sprechen für patriarchalische Hirtenreligionen: "Der Herr ist mein Hirte"; Abel ist der "gute Hirte", der seine Schafe hütet, um sie töten und essen zu können; der Ackerbauer Kain wird verflucht, die weibliche Sexualität ist des Teufels. Die Bibelreligionen entstanden in einer patriarchalischen Hirtenkultur. Der Tantalus-Mythos (Opelt 2002), der Urmythos patriarchalischer Gewalt, spiegelt die Entmachtung der alten Mutterreligion: Da die Kraft der Göttin im Gebären des Lebens liegt, hat der Vatergott nur die Macht, Leben zu töten. Tantalus tötet seinen Sohn, um seinen Vater Zeus zu beeindrucken. Der Kindsmord wurde von den Griechen zwar noch als Frevel erinnert, der die Familien krank macht und das seelische Leid bis in die fünfte Generation trägt. Der Frevel des Tötens wurde trotzdem in immer neuen Kriegen wiederholt. Die römischen Patriarchen hatten das Recht, die eigenen Kinder zu töten und taten dies auch. Alle Diktatoren der Geschichte bauten ihre Macht auf der Tötung von Rivalen und deren Kindern auf. Je größer die patriarchalische Macht, desto mehr wurde der Kindsmord zum Töten ganzer Völker ausgeweitet. Der Genozid und die Angst davor wurden die wichtigsten Stützen der Macht und wurden deshalb von den patriarchalischen Religionen zu Heldenepen verklärt.

Das matriviviale Wissen hingegen ist von katholischen Legenden überlagert, aber noch immer vorhanden. In ganz Europa gibt es alte Schlupfsteine, der Durchgang durch einen Steinspalt ist ein heilendes Ritual der heiligen Geburt. Kall, Hall, Hel, Holle, Quelle gehen auf eine paläolithische Wurzel zurück, die

Höhlenheiligtum bedeutet, was bei Hallein und Hallstadt neue Perspektiven über das Salz hinaus gibt (Das Salz wurde von den Kelten Hall genannt, weil es aus einer Höhle (Hall) geholt wurde); Frauen rieben sich an Schalensteinen, da sich die Seelen in Quellen und Becken sammeln und von dort in den Bauch der Frau schlüpfen.

Archäologie und Geschichtswissenschaft verfälschten die Funde in Mann-zentrierter Weise: Paläolithische Frauenstatuetten werden zu Penis-Vulva-Symbolen umgedeutet, wobei der weibliche Busen zum männlichen Hoden wird, der Frauenkopf zum Penis und das männliche Geschlecht selbstverständlich über dem weiblichen platziert ist. Die katholische Kirche überformte die matriarchalischen Mythen: die Göttin, die aus sich heraus Leben gebiert, wird zur Jungfrau Maria, der Gottesmutter; die drei Formen der Göttin, die in den Raunächten verehrt wurden, werden zu Kaspar, Melchior und Balthasar; die Heilige Dreifaltigkeit des Lebens (Werden, Wachsen, Verwandlung) wird als Vater, Sohn und Heiliger Geist männlich umgedeutet.

Armbruster stützt sich auf die Entdeckungen der Archäologin Marija Gimbutas (2010): Im neolithischen Südosteuropa gab es den Kult der großen Göttin, die sich als Wassergöttin, in Schlangensymbolen, Labyrinthen, als Vogelgöttin mit Vogelköpfen, als Schmetterling, als Doppelaxt, als Bienenkönigin, als Mondsichel und in Stierhörnern manifestierte und durch tausende Artefakte belegt ist. Tausende Figuren aus Ton, Elfenbein und Stein zeugen von einer komplexen Symbolik, die sich in Masken, Tänzen und spirituellen Ritualen als Vorläufer der griechischen Tragödie zeigt. Erst mit der Einwanderung der Indogermanen entstanden männliche Götter, die die Funktion der großen Göttin übernahmen. Das minoische Kreta war der

Höhepunkt der alteuropäischen Mutterreligion, mit Schlangenpriesterinnen, Stierhörnern und Doppeläxten, die die Schmetterlingsflügel und damit die Metamorphose der Wiedergeburt symbolisieren.

Der Ackerbau kam 6000 vZ aus dem Nahen Osten nach Thessalien und wurde bald von allen Donauvölkern übernommen (Haarmann 2017). Diese verbanden die neue Technik mit ihrer Religion der großen Mutter und entwickelten daraus ihre friedliche Zivilisation. Sie erfanden um 5000 vZ die Schrift und die Metallbearbeitung (Kupfer, Gold, Silber). Der Schiffbau entwickelte sich auf der Donau und ihren zahlreichen Nebenflüssen, die als Verkehrsstraßen zwischen großen Handelsplätzen (Vinca bei Belgrad hatte 8.000 Einwohner) dienten.

In der Südukraine stieß diese Donaukultur auf die Kurgan-Kultur der ersten Indogermanen, die das Pferd domestiziert und vor den Wagen gespannt hatten. Von 4400 bis 3000 vZ brachen 3 indogermanische Völkerwanderungen in die Donaukultur ein und verdrängten die Überlebenden auf die griechischen Inseln, wo sie auf Kreta die minoische Kultur entwickelten.

Matriarchale Hochkulturen

Im Geschichtsunterricht haben wir gelernt, dass die Zivilisation in Mesopotamien und Ägypten entstanden ist, als mächtige Könige diese Länder durch Kriege vereinten und mit einer effizienten Verwaltungshierarchie befriedeten. Römer und chinesische Kaiser führten diese Tradition fort, deswegen glauben wir an große Männer, mächtige Verwaltungen und an Kriege als notwendigem Übel.

Dies mag daran liegen, dass die Geschichtsforschung mit der Auswertung schriftlicher Aufzeichnungen begann. Soweit die Gelehrten die alten Schriften lesen konnten, war nur von Königen und ihren Kriegen die Rede. Doch das bedeutet nicht, dass es vor 3300 vZ keine Zivilisationen gab. Ganz im Gegenteil! Die Archäologen fanden jede Menge menschlicher Artefakte aus der Zeit von 50.000 bis 3300 vZ. Diese zeigen vor allem Frauen mit überquellenden Fruchtbarkeitsmerkmalen: Vulva, Brüste, Bauch, Gebärstellung. Statt den logischen Schluss zu ziehen, dass Frauen in der Steinzeit eine größere Bedeutung hatten als in Antike, Mittelalter und Neuzeit, zogen sich die Gelehrten auf eine Form der Wissenschaftlichkeit zurück, die einem Denkverbot gleichkommt: Man könne über die „Venus"-Statuen nichts Sicheres sagen, denn es fehlten ja die schriftlichen Überlieferungen.

Marija Gimbutas zertrümmerte diese Vorstellung von der männlichen Überlegenheit. Sie entdeckte bereits 1956, dass die erste Zivilisation der Welt im Donauraum entstand, 2000 Jahre früher als die sumerische, matrifokal organisiert, mit der ersten dokumentierten Schrift.

Laut Toynbee (1970) lockt jede Hochkultur Barbarenstämme an, die auf Reichtümer aus sind und mit ihren Raubzügen die Hochkultur zum Einsturz bringen. Im Falle der Donaukultur waren dies die Indogermanen der südrussischen Steppe, deren Kurgan-Kultur in der Gegend des Dnjepr an die Donau-Kultur grenzte. Die Überlebenden der Donaukultur flüchteten auf die griechischen Inseln und entwickelten auf Kreta und Santorin die minoische Kultur. Durch das Meer und die damals größte Flotte der Welt geschützt, hielten die Minoer nicht viel vom Krieg, trieben lieber Handel mit den Ländern des östlichen

Mittelmeers. Erst als ein Vulkanausbruch auf Santorin und ein riesiger Tsunami die kretische Flotte zerstörten, eroberten mykenische Griechen die Paläste auf Kreta und räumten dort mit dem Matriarchat auf.

Nicht viel anders in Ägypten. Der erste Pharao Narmer, der 3000 vZ das Nildelta eroberte, stand nicht am Anfang, sondern am Ende der ägyptischen Zivilisationsentwicklung (Wolf 1994). Der Ackerbau begann im Nildelta um 6500 vZ. Doris Wolf (2019) hat nachgewiesen, dass die matriarchale Kultur in Ägypten sich im Laufe von 3000 Jahren entwickelte, selbiges geschah in Mesopotamien. Alle wichtigen Erfindungen, die den Sumerern zugeschrieben werden, wurden früher gemacht, in der langen Zeit von 10.000 vZ (Erfindung des Ackerbaus) bis 3300 vZ, als die Sumerer vom Kaukasus nach Süden aufbrachen, um das Mündungsgebiet von Euphrat und Tigris zu erobern. Davor gab es in Mesopotamien kein patriarchalisches Reich, sondern ein Netzwerk von Städten, die miteinander Handel trieben (Obed-Kultur). Erst unter den Sumerern begannen die Kämpfe zwischen den Städten, deren bekannteste Uruk und Ur zeitweise alle anderen beherrschten. Aus 1000 Jahren Kampf ging 2200 vZ das erste patriarchalische Großreich unter Sargon II. von Akkad hervor, einem Nachkommen semitischer Nomaden.

Auch Indien war anfangs matriarchalisch organisiert. Die heiligen Bücher Indiens (Bagavadgita, Mahabharata) wurden zwar unter arischen Königen aufgeschrieben, was die indogermanischen Völker Europas in ihrer patriarchalischen Weltsicht bestätigte. Die indische Kultur entstand aber viel früher durch drawidische, dunkelhäutige Völker, wie es sie heute nur mehr in Südindien gibt. Die Indus-Kultur war von 2800 bis 1800 vZ die größte Kultur der Welt, reichte von Belutschistan, Afghanistan, Pakistan,

Rajastan, dem West-Ganges-Gebiet bis Gujarat nördlich von Mumbay. Die Drawiden erfanden die Städteplanung aus rechtwinkeligen Straßenvierecken, Häuser aus gebrannten Ziegeln, die Kanalisation, die Wasserleitung und das Bad. In den Städten Mohenjo-Daro und Harapa fand man keinerlei Anzeichen von Herrschaft: keine Königspaläste, keine monumentalen Tempel. Die größten Gebäude stellten sich als Lagerhäuser heraus. Ähnlich der Donaukultur war die Induskultur eine matrifokale Händlerkultur. In Lothal in Gujarat gab es den ersten Hochseehafen der Welt, indische Schiffe segelten bis Südmesopotamien. Erst 1500 vZ eroberten Indogermanen das Land, errichteten Königreiche und unterdrückten die Einheimischen durch das bis heute bestehende Kastensystem. Matrifokale Elemente haben sich in der vegetarischen Ernährung und der Heiligkeit der Tiere erhalten, die nicht getötet werden dürfen.

Als letztes wurde das chinesische Matriarchat im Tal des Gelben Flusses von Kriegern erobert, die ihr Handwerk von den indogermanischen Tocharern erlernt hatten, die ab 2000 vZ im heutigen Singkiang-Uigur siedelten. Mit deren Kavallerie eroberten die Shang-Kaiser das Tal des Gelben Flusses. Seit etwa 1200 vZ ist China patriarchalisch organisiert. Seitdem überdrücken patriarchalische Herrscher alle Kulturen dieser Welt, führen Kriege, entwickeln immer gefährlichere Waffen und verwenden Kriege, um immer größere Reiche aufzubauen. Je erfolgreicher sie wurden, desto mehr Menschen wurden unterdrückt und versklavt. Vergessen ist, dass die großen Kulturen ursprünglich von Frauen und Männern gemeinsam aufgebaut und entwickelt wurden.

Die Indogermanen

Das Patriarchat entwickelte sich um 4500 vZ in der südrussischen Steppe. (Schmöckel 2015, Gimbutas 2010). Durch eine Klimaänderung trockneten die fruchtbaren Lößböden aus, statt Ackerbau betrieben die Ur-Indogermanen Viehzucht (Rinder und Pferde). Dies war Sache der Männer und begründete deren Vorherrschaft. Einige Viehherden wurden durch klimatische Zufälle größer als andere. Deren Besitzer stiegen zu Häuptlingen und schließlich zu Königen auf.

Die Männer, die die Herden bewachten, wurden kriegerisch, da Viehherden leicht gestohlen werden konnten (Das war noch im 19. Jhdt. so, die meisten US-Western erzählen von heldenhaften Cowboys, die räuberische Banditen verjagen). Es entstanden erste Kriege um die Herden, dadurch wurden siegreiche Häuptlinge immer mächtiger.

Die Trockenheit zwang junge Leute, nach Westen zu ziehen, um neues Weideland für ihre Herden zu finden. Die einfallenden Nomaden nahmen keine Rücksicht auf die schon vorhandene Bevölkerung, unterwarfen sie und zwangen ihr die indogermanische Sprache auf. Überall, wo sich indogermanische Sprachen ausbreiten, gibt es seitdem eine indogermanische Krieger-Kaste als Oberschicht und eine unterjochte Urbevölkerung als Unterschicht. Dies funktioniert deswegen, weil die Unterschicht matrifokal und damit weniger kriegerisch oder völlig pazifistisch ist. Sobald die unterworfenen Frauen von Indogermanen geschwängert werden, fügen sie sich ihren Kindern zuliebe in ihr Schicksal, werden aber eben deshalb von den Herrenmenschen verachtet.

Um 3000 beherrschten die Indogermanen die Bandkeramiker in Mitteleuropa, um 2000 hatten sie die Donaukultur und den Rest des Balkans erobert. Zur selben Zeit eroberten indogermanische Hettiter Kleinasien und gründeten das erste „arische" Großreich, das erst von der nächsten indogermanischen Welle um 1200 vZ zerstört wurde. Dieselbe Welle kriegerischer „Seevölker" fegte die Mykener hinweg, die den Minoern die Seeherrschaft im Mittelmeer abgenommen hatten.

Die Völkerwanderung des 12. Jhdt. vZ nahm ihren Ausgang im indogermanischen Ostmitteleuropa und setzte in einem Dominoeffekt viele Völker in Bewegung. Die Kelten zogen nach Westen, die Germanen besetzten Skandinavien, die Italiker Latium und Umbrien, die Dorer Griechenland und die Thraker Kleinasien. Ab da hatten die Indogermanen im Mittelmeerraum das Sagen.

Der ungebremste Vormarsch der Kriegsnomaden beruhte auf ihrem Vorsprung in der Waffentechnik. Als erstes nutzten sie die Metallurgie der Donaukultur für das Schmieden von Kupferwaffen, später für Bronzewaffen. Da die Herstellung von Bronze einen europaweiten Handel mit Kupfer und Zinn nötig machte, erfanden die Indogermanen den von Pferden gezogenen Wagen, um die schweren Erze über weite Strecken transportieren zu können. Wenig später entdeckten sie, dass sie sich mit zweirädrigen Wagen in der Geschwindigkeit galoppierender Pferde fortbewegen konnten. Der Streitwagen wurde zur Elite-Waffe der Bronzezeit, mit der feindliche Heere überrollt wurden. Als alle Hochkulturen des Nahen Ostens Streitwagen-Heere aufgestellt hatten, lernten die Steppenvölker auf den Pferden zu reiten und wurden damit noch beweglicher. Bis zum Aufkommen der Panzer 1916 blieb die Kavallerie die tödlichste Offensiv-Truppe aller Militärs. Die europäischen Kolonialmächte verschärften das Krieg-Führen noch mit Kanonen und Artillerie und unterwarfen damit die ganze Welt.

In Kasachstan hatte der östliche Teil der Indogermanen um 2000 vZ die Streitwagen-Technik perfektioniert und sich in Zentralasien ausgebreitet. 1500 vZ fielen sie in Persien und Indien ein und machten sich die alten Kulturen untertan. Als Mitanni besiegten sie Hettiter, Assyrer und Babylonier. Als Meder und Perser eroberten sie ab 600 vZ den Nahen Osten und gründeten unter Kyros dem Großen das erste Imperium der Geschichte, das erst 220 Jahre später von indogermanischen Griechen unter Alexander dem Großen abgelöst wurde.

Folgenschwer war der Einfall der Arier in Indien um 1500 vZ. Die friedlichen Draviden der Indus-Kultur hatten den Streitwagen-Heeren nichts entgegenzusetzen, ganz Nordindien wurde bald von arischen Königen beherrscht. Schlimmer noch. Die mächtigen Arier erfanden die Apartheid und machten aus der Unterdrückung der Indigenen ein religiöses System. Die arischen Könige und Priester bildeten die oberste Kaste der Brahmanen, die heute noch, 3500 Jahre später, die weiße Haut der Indogermanen hat. Alle unterworfenen Völker, von hellbraun bis dunkelbraun, wurden in diverse niedrige Kasten eingeteilt, die in einer strengen Kastenhierarchie immer weniger Rechte haben, bis zu den völlig rechtlosen Unberührbaren und Adivasi (Die Adivasi genannte Urbevölkerung Indiens zählt heute immerhin 70 Mill Menschen, die völlig unterdrückt und rechtlos sind). Dieses Kastensystem ist bis heute für die unbeschreibliche Armut in Indien verantwortlich, auch wenn es in letzter Zeit eine aufsteigende Mittelschicht gibt.

Seit 3500 Jahren wird Indien zwischen seinem matrifokalen und seinem patriarchalischen Erbe zerrissen. Die matrifokale Kultur überlebte im spirituellen Bereich, behielt die Lehre von Wiedergeburt und Reinkarnation bei und entwickelte mit der Karma-Lehre das beste spirituelle Erklärungssystem der Welt. Unter Buddha entstand die erste Friedensreligion, die das Töten von Tieren ablehnt und ihrem Pazifismus bis heute treu geblieben ist, anders als das Christentum, das sich von den römischen Kaisern korrumpieren ließ.

Die matrifokalen Friedenselemente sind in Indien so stark, dass es wohl eine matrifokale Restauration gegeben hätte, wenn nicht das Patriarchat in immer neuen Wellen über den Subkontinent hergefallen wäre. Ab 500 vZ fielen die Perser unter Dareios im Industal ein, dann die Griechen unter Alexander, dann die baktrischen Griechen, die Saken, die Hunnen und die Kushanas. Nach einer kurzen Friedensphase im Gupta-Reich kamen die Moslems: zuerst Araber, dann Perser, Afghanen, Mongolen (Moguln). Die 1000-jährige Unterdrückung durch den patriarchalischen Islam rottete in Indien den Buddhismus aus und wirkt bis heute in den Kriegen zwischen Indien und Pakistan und den Attentaten der Dschihadisten nach.

Als Draufgabe kamen 1750 die indogermanischen Engländer (die wieder stolz auf ihre arische Abstammung waren), beuteten Indien aus und zerstörten die dortige Textilindustrie. Vor der Ankunft der Engländer produzierte Indien 20% des Weltbruttoprodukts, nach den Engländern nur mehr wenige Prozent desselben und war von Hungersnöten geplagt. So viel zum Segen der englischen Kolonialverwaltung.

Bleibt noch China. Dort wurde das chinesische Kaiserreich von Patriarchen gegründet, die ihr Kriegshandwerk von den indogermanischen Tocharern gelernt hatten, welche im heutigen Singkiang-Uigur von 2000 vZ bis 500 nZ die Streitwagen- und die Reiterkriegertechnik verbreiteten (Bott 2014). Die Shang standen in Kontakt mit den Tocharern, die Tschou beherrschten das Gebiet zwischen China und Singkiang, bevor sie die 2. Kaiserdynastie gründeten. Die Chin-, die Yüan und die Mandschu-Kaiser stammten von mongolischen Eroberern ab, die die Reiterkriegertechnik von den Tocharern, genannt Yüe-tschi, übernommen hatten und diese um Christi Geburt vertrieben.

Die Yüe-tschi waren immerhin noch stark genug, um das Kuschana-Reich zu errichten, das von Singkiang bis nach Pakistan reichte. In der Zeit der streitenden Reiche ab 475 vZ hatten alle chinesischen Teilstaaten Reiterheere und bekriegten sich, bis 221 vZ Shi Huang Di alle anderen besiegte und zum ersten Kaiser Gesamtchinas aufstieg. Durch die Tocharer gehen China und der Westen auf dieselbe patriarchalische Wurzel zurück, auch wenn sie äußerlich als Gegenpole gelten.

Auf Grund seiner geographischen Isolation blieb China bis heute ein geeintes Reich und erlebte mehr Friedenszeiten als Indien und Europa. Obwohl China lange vor den Europäern mit der weltweiten Seefahrt begann, wurde es keine Kolonialmacht und hatte wenig Interesse am Imperialismus. Die Angst vor den Reiterhorden aus dem Norden war größer als der Wunsch, den indischen Ozean zu beherrschen. So ließ der Ming-Kaiser im 15. Jhdt. die riesige Flotte des Zeng He verbrennen und lieber die chinesische Mauer neu erbauen.

Afrika

Ost- und Südafrika waren bis 1000 vZ von der Khoisan-sprechenden Urbevölkerung besiedelt, deren kleine Stämme egalitär organisiert waren. Die San und die Khoi in Südwestafrika leben heute noch so und sind der letzte Rest dieser Rasse, die einst von Äthiopien bis Südafrika umherstreifte, im gesamten Ursprungsgebiet des Homo sapiens.

Die Negriden, die heute das subsaharische Afrika beherrschen, entstanden in Westafrika zwischen Senegal und Nigeria in Anpassung an die westafrikanische Dschungellandschaft. Ab 3000 vZ erhielten sie Zuzug aus dem Norden: Von 8000 bis 4000 v. Chr. war die Sahara eine blühende Landschaft, ein Paradies für Mensch und Tier, mit Nahrung und Wasser im Überfluss. Hier gab es bald Rinderhirten. Als sich die Wüste ausbreitete, zogen sich die Rinderhirten nach Süden zurück und stritten sich mit den Negriden um das knapper werdende Weideland. Die Garamanten, die heutigen Tuareg, wanderten 800 vZ aus Syrien kommend in die Sahara-Oasen ein und wirkten als Händler zwischen Nord und Süd. Sie brachten das nahöstliche Zivilisationswissen nach Nigeria, den Ackerbau und vor allem die Eisenverhüttung. Um 1000 vZ gab es in Ostnigeria die Kultur der Ur-Bantu, die um 800 vZ lernte, Eisen und Eisenwaffen herzustellen.

In Nigeria entstand ein Bevölkerungsdruck, der sich nur nach Osten entladen konnte, da im Norden die Wüste, im Süden das Meer und im Westen andere große Stämme eine Ausbreitung verhinderten. Die Bantu-Stämme besiedelten in den nächsten 2000 Jahren Afrika von der Sahara bis zur Kapprovinz. Alle Bantu-Sprachen stammen vom Ur-Bantu ab, das in einem kleinen Teil Südostnigerias gesprochen wurde.

Wie konnte das geschehen?

Nachdem die Ur-Bantu aus dem Norden Ackerbau, Viehzucht und Eisenwaffen übernommen hatten, begannen sie sich patriarchalisch zu organisieren und Expeditionen nach Osten und Süden zu schicken. Die Khoisan hatten keine Chance gegen diese Invasion und zogen sich in den Dschungel und in die Kalahari-Wüste zurück. Zu allem Überfluss drangen Semiten aus dem Jemen nach Äthiopien vor, überrannten die dortigen Khoisan und saugten deren Reste in einem gemeinsamen Genpool auf.

Das Patriarchat in Afrika entstand also durch Kulturübertragung aus dem Norden. Die Stämme versklavten sich gegenseitig, als die Araber im Osten und die Portugiesen im Westen gute Preise für Sklaven boten. Wenn Sklaverei normal wird, wird auch die Verdinglichung der Frau normal, so entstand wohl die pharaonische Beschneidung der Mädchen als Unterdrückungs- und Misshandlungsritual. Aber auch unzählige junge Männer landeten als kastrierte Eunuchen in den Harems von Kairo, Bagdad und Istanbul, oder auf den Sklavenplantagen der Karibik, Brasiliens und der Südstaaten der USA.

Trotz dieser Gewaltgeschichte entwickelten sich in der Sahel-Zone reiche Königtümer (Fauvelle 2017). Deren größtes, Mali, war größer als das Frankenreich Karls des Großen und besaß so viel Gold, dass die Araber heute noch von Mansa Mussa schwärmen, dem König von Mali, der auf seiner Hadsch nach Mekka so viel Gold verschenkte wie kein Herrscher vor oder nach ihm. Die Königreiche der Sahelzone waren in den Handel der islamischen Welt eingebunden und wurden allesamt reich.

Bis die Europäer kamen.

Ab 1500 nZ gab es große Bevölkerungsverluste durch den Sklavenhandel der Portugiesen und Engländer. Ab 1880 wurde der ganze Kontinent kolonisiert und ausgebeutet. König Leopold II. von Belgien war der grausamste Unterdrücker. In wenigen Jahrzehnten dezimierte er seinen „Privatbesitz" Belgisch-Kongo dermaßen, dass die Bevölkerung von 20 auf 10 Millionen Menschen schrumpfte. Gegen die Brutalität der belgischen Kolonialverwaltung, die sogar Kleinkinder an Händen und Beinen verstümmelte, sind die heutigen War-Lords milde Waisenknaben. Die Gewalt im Kongo ist bis zum heutigen Tag eine Folge dieser Grausamkeit.

Vor und nach der Entkolonialisierung im Jahr 1960, als die meisten afrikanischen Länder die Unabhängigkeit erlangten, gab es ein Bündnis zwischen europäischem und afrikanischem Patriarchat, das bis heute andauert und dem Kontinent alle Entwicklungschancen raubt. Die afrikanischen Patriarchen wurden zu Erfüllungsgehilfen der europäischen Ausbeuter und sind es noch heute. Wenn sie den USA und Europa die gewünschten Rohstoffe liefern, dürfen sie die eigene Bevölkerung nach Lust und Laune ausbeuten und damit reich werden (Seitz 2018). Unter dieser extremen Ausbeutung hat die Bevölkerung Afrikas keine Chance auf Entwicklung. Außer, wenn sich die Länder ihrer eigenen Stärken besinnen und die Despoten zum Teufel jagen.

Warum die Patriarchen gewannen

Dass das Kurgan-Patriarchat die Donaukultur besiegte, ist ein unglücklicher Zufall und einer nicht vorhersehbaren Verkettung von Umständen geschuldet. Denn eigentlich hätte die kulturell höher entwickelte und wirtschaftlich erfolgreichere Donauzivilisation sich nach Russland ausbreiten und die Barbaren dort durch kulturelle Anziehung zivilisieren müssen. Wahrscheinlich nahmen die weisen Frauen in den Städten der Donaukultur, die bis zu 10.000 Einwohner hatten, friedliche von Frauen bestimmte Sozialclans entwickelten, Töpferei, Metallbearbeitung und ästhetische Künste perfektionierten, die unkultivierten Barbaren im Norden gar nicht ernst. Dennoch gewann die aggressivere, gewaltbereite Kultur, aus drei Gründen:

1. Die Friedfertigkeit der Frauen: Frauen führen nicht gern Krieg, denn der gefährdet das Leben ihrer Kinder. Deswegen bevorzugen sie Kommunikation, Diplomatie und Konsenslösungen (außer wenn sie im Patriarchat schon gehirngewaschen und vermännlicht wurden).

2. Die Geographie: In Anatolien gibt es kaum große Flüsse, dafür viele Gebirgsketten. Handel schied daher als Überlebensstrategie aus, die Muskelkraft der Männer und die testosterongesteuerte Kampfbereitschaft wurden gebraucht, um neue Viehweiden zu besetzen. Seit 6200 vZ breitet sich von dort weltweit das „Ideal" des kämpfenden Helden aus.

3. Die Pferde: In Südrussland gab es wilde Pferde, die wurden von den Indogermanen domestiziert, zunächst vor Streitwagen gespannt und später geritten. Die Pferde verfünffachten die Angriffsgeschwindigkeit und brachten die Angreifer in Vorteil, ermöglichten blitzartige Überfälle und Raubzüge, mit denen die Donaukultur allmählich geschwächt wurde. Alle militärische Strategie beruht seitdem auf dem immer raffinierteren kombinierten Einsatz von Reiterei und Fußvolk. Erst vor 100 Jahren wurden die Pferde durch Panzer, Kampfschiffe und

Flugzeuge ersetzt, was den Effekt der Blitzkriege nur noch schlimmer machte.

Wären Europa und Vorderasien etwas anders gegliedert oder der Ackerbau an einer anderen Stelle Eurasiens entstanden, hätten die ersten Ackerbauern in Anatolien den Handel entdeckt und Pferde nur zum Transport verwendet. In allen Flussgesellschaften der Welt wären aus den ersten matrifokalen Zivilisationen friedliche Handelsnationen entstanden, die Wohlstand und Güter so egalitär verteilen, wie es bis vor 6000 Jahren in allen menschlichen Gemeinschaften üblich war. Wir hätten seit 6000 Jahren das, was wir heute verzweifelt wiederherzustellen versuchen: eine friedliche, zusammenwachsende Welt, die Handel zum gegenseitigen Vorteil treibt und dabei Wohlstand entwickelt - ohne das Risiko, dass größenwahnsinnige Patriarchen entweder auf irgendeinen roten Knopf drücken und die ganze Welt in die Luft jagen oder sie mit technologischen Dampfwalzen solange platt machen, bis wir alle verhungern.

Das Patriarchat ist keine biologische Notwendigkeit, sondern eine Fehlentwicklung

Alle Gehirne, die noch vom Krieg als Vater aller Dinge schwärmen, tun dies nur, weil sie grundlegend Patriarchatsverseucht sind und die Realität nicht mehr erkennen können, selbst wenn man sie ihnen direkt vor die Augen hält.

Selbst hochgebildete Naturwissenschaftler bemerken ihren Denkfehler nicht, weil er durch 6000-jährige Gehirnwäsche in ihr Betriebssystem eingebrannt ist.

Entgegen allen historischen, biologischen und soziobiologischen Fehlinterpretationen ist das Patriarchat kein Naturgesetz der Evolution, sondern eine Fehlentwicklung der Natur, die demnächst beseitigt werden wird. Dies werden wir entweder passiv erleben, indem alles zusammenkracht und die Menschen aussterben oder aktiv, indem wir die egalitäre, matrifokale Gesellschaft wiederaufbauen, die durch unglückliche Zufälle vor 6000 Jahren verloren gegangen ist.

Wenn Gewalt nicht in unseren Genen festgeschrieben ist, was ist dann unsere biologische Grundlage?

Die Natur arbeitet ökologisch und vernetzt. Lineares Denken ist in der hochkomplexen Artenvielfalt zum Scheitern verurteilt. Alle Fortschritte der Evolution sind nur möglich, weil Organismen immer komplexere Wechselbeziehungen miteinander aufnehmen. Alles ist letztlich Symbiose, die aus komplementärer Kommunikation entsteht. Sogar Beute und Beutegreifer arbeiten evolutionär zum gegenseitigen Vorteil zusammen. Extremorgane und Extrementwicklungen sind möglich (dazu zählt unser Gehirn), werden aber durch ökologische Regelkreise entweder eingegrenzt oder ausgelöscht. Unser Gehirn ist also biologisch nur sinnvoll, solange es sich in die ökologische Lebensvielfalt einfügt und die Natur fördert. Was seit 100 Jahren leider nicht mehr der Fall ist. Deswegen sind vor allem wir Menschen akut vom Aussterben bedroht, denn die Naturgesetze fackeln nicht lange, wenn eine Art sich schlecht benimmt.

In allen Ökosystemen gibt es eine Leittierart, die das ökologische Funktionieren eines Systems vorantreibt und stabilisiert. In der Savanne sind das die Elefanten, im Meer die Wale, in gemäßigten Waldgebieten die Menschen.

Die Elefanten schmeißen Bäume um, weil sie deren Blätter fressen. Dadurch garantieren sie das Weiterbestehen der Graslandschaften, von denen sich alle anderen Arten ernähren.

Die Wale weiden alle Meeresgebiete ab und düngen sie mit ihrem Kot. Nur durch den Kot der Wale gibt es in den ersten 200 lichtdurchfluteten Metern des Meeres genug Nahrung für das Plankton, von dem sich alle anderen Meeresbewohner ernähren.

Der Mensch wurde durch Ackerbau und Viehzucht zum Leittier der gemäßigten Regionen, die wir durch unsere Aktivitäten ständig in Bewegung halten. Auf Wald und Wiesen gestalten wir seit Jahrtausenden die Landschaft und halten damit die Artenvielfalt in Schwung.

Das taten wir zumindest bis vor kurzem.

Nicht vorgesehen ist in der Natur, dass ein Leittier völlig durchdreht und alle anderen Leittiere umbringt. Elefanten und Wale zu töten ist keine gute Idee, denn dann brechen alle Ökosysteme zu Land und zu Wasser zusammen.

In einem Anfall von kollektivem Wahnsinn nicht nur die Leittiere, sondern alle Tiere überhaupt umzubringen, ist nicht nur keine gute Idee, sondern kollektiver Selbstmord. Das kann Mutter Erde keinesfalls dulden und das wird sie auch nicht.

Deshalb sind die destruktiven Handlungen des Patriarchats kein Naturgesetz, sondern eine katastrophale Fehlentwicklung, die rasch beendet werden muss.

Die Welt der Krieger – eine Sackgasse der Evolution?

Die alten Weisheitslehren von Atlantis, der Donaukultur, Ägyptens und Mesopotamiens gingen vom Gleichgewicht der weiblichen und männlichen Kräfte aus. Die alten Weisen hatten die egalitäre Gemeinschaft der Naturvölker bewahrt und in die ersten Hochkulturen transformiert. Das geistige Wissen der menschlichen Kulturen wurde von Frauen und Männern, Priestern und Priesterinnen gemeinsam geschaffen. Allein, dass der Katholizismus die weibliche Seite der Weisheit verleugnet, zeigt, dass es sich dabei um eine Degeneration des alten Wissens handelt, mit all den schädlichen Folgen, die in diesem Buch beschrieben wurden.

Schuld am Zustand unserer heutigen Welt ist das aggressive Patriarchat, das nach einem langen Siegeszug die Erde geprägt hat wie keine Ideologie vor ihr. Historisch lässt sich zeigen, dass vor 6000 Jahren beginnend das Patriarchat die Macht in allen Kulturen übernommen hat. Nachdem über Jahrtausende die Gebärmacht der Frauen die Gesellschaft geprägt hatte, holte der Gebärneid der Männer zum Gegenschlag aus. Die Patriarchate triumphierten, weil die Patriarchen brutaler und gewaltbereiter waren als die matrifokalen Priesterinnen und Königinnen. Seit der Machtübernahme des Patriarchats gibt es Krieg, Zerstörung und Gewalt. Die heutigen Großreligionen sind nur vor diesem

Hintergrund zu verstehen und fügen sich nahtlos in die patriarchalische Macht- und Gewaltgeschichte ein.

Die in Europa hochverehrte klassische Antike ist weder der Ursprung noch der Höhepunkt der menschlichen Zivilisation. Die Gesellschaft des Homo sapiens entwickelte sich allmählich in den 70.000 Jahren der Ausbreitung auf alle Kontinente, durch Anpassung an die diversen Herausforderungen und Ökosysteme. Durch Vermischung mit allen Bruderrassen, die ebenfalls Nachkommen des Homo erectus waren, wurden auch deren Erfahrungswerte in den menschlichen Kulturschatz integriert. Die Europäer übernahmen vom Neandertaler die weiße Haut, die lufterwärmende lange Nase und die dicke Pelzkleidung, um im kalten Norden überleben zu können. Die Australiden übernahmen vom Javamenschen das Wissen, dass man in der Inselwelt Südostasiens am besten mit Booten zurechtkommt. Die Asiaten übernahmen vom Peking-Menschen den Zusammenhalt, ohne den man die Sandstürme der Wüste Gobi und die Überschwemmungen des Huang Ho nicht überlebt hätte.

Evolution ist erfolgreich, wenn flexible Anpassung einen befähigt, immer neue Herausforderungen in das Genom der Art und das Gedächtnis der Kultur zu integrieren und mit neuen Lösungen zu beantworten. Auch sehr alte Arten wie Schildkröten und Krokodile sind höchst erfolgreich im Überleben, weil sie alte Rezepte (Eierlegen, Zuschnappen) an neue Ökosysteme adaptiert haben.

Spezialisiert sich eine Art hingegen zu stark in einer Nische, die dann verschwindet, stirbt die Art aus. Das hat mit der Gehirngröße wenig zu tun, denn auch Hominidenarten sind immer wieder ausgestorben, obwohl ihr Nervensystem wesentlich komplexer war als das der Krokodile, die nicht viel mehr können als auf der Lauer liegen und im richtigen Moment zuschnappen. Es ist eine Illusion unserer menschlichen Hybris, dass wir uns durch unser großes Gehirn vor dem Aussterben gefeit fühlen. Das dachten sich Riesenhirsch und Säbelzahn-Tiger wohl auch, die zu Lebzeiten keinerlei Konkurrenz kannten und sich in den Wirren der Eiszeit nicht schnell genug auf ein neues Klima umstellen konnten.

Die 11 Eiszeiten der letzten zweieinhalb Millionen Jahre sind der große Taktgeber der Hominiden-Evolution. 11mal hintereinander wechselten sich Eiszeiten von einigen 100.000 Jahren mit Warmzeiten von einigen 10.000 Jahren ab. Bei jedem Wechsel änderten sich Klima, Vegetation und Nahrungsbasis der Hominiden in dramatischem Ausmaß. Entgegen unserer Erwartung waren die Kaltzeiten die sicheren Zeiten, denn die Hominidenarten hatten 100.000de Jahre Zeit für die Anpassung und erreichten dabei meist einen stabilen Zustand. Auch Homo sapiens konnte sich 190.000 Jahre relativ stabil entwickeln. Trotz vorübergehender Rückschläge durch Vulkanausbrüche und genetische Flaschenhälse eroberte Homo Sapiens in der letzten Eiszeit alle Kontinente. Anzunehmen, dass durch die jeweiligen lokalen Herausforderungen auf allen Kontinenten auch stabile Kulturen entstanden, die in Sagen und Mythen noch durch unser kollektives Unbewusstes geistern.

Eisschmelze und Erwärmung hingegen sind riskante Zeiten, da genetische Rezepte plötzlich hinfällig sind. Bekanntestes Beispiel ist der Paranthropus boisei, vor 2 Mill Jahren die kräftigste Hominidenrasse mit dem stärksten Gebiss. Paranthropus hatte sich optimal an die damalige Savanne angepasst, konnte mit seinem Gebiss Nüsse knacken und Wurzeln optimal verarbeiten.

Vor 2 Mill Jahren nahm der schwächere Homo ergaster vor seinem starken Vetter Reißaus und hätte es damals Futurologen gegeben, hätten sie alle auf den Paranthropus gesetzt, schlicht und einfach, weil er stärker war. Als Nüsse und Wurzeln beim nächsten Klimawandel verschwanden, nutzte dem aber sein Gebiss gar nichts und er starb aus.

Eisschmelze und Erwärmung der letzten 10.000 Jahre haben die kriegerische Antwort der Patriarchen erzeugt, die wiederum auf Stärke setzen. Die Kombination aus Gehirnstrategie, Eisenwaffen und Explosivkraft hat die Militärs so stark gemacht, dass sie sich buchstäblich zu Tode siegen können, ja sogar den Planeten in die Luft sprengen. Wenn dadurch die Nahrungsbasis wegbricht, nutzt diese Stärke aber genauso wenig wie das Kraftgebiss der Paranthropezinen.

Wir wären somit nicht die erste Tierart, die dem Irrtum der Kampfstärke auf den Leim geht. Höhlenbären, Säbelzahntiger, Tyrannosaurus und Velociraptoren könnten davon ein Lied singen aus ihren kühlen Gräbern. Die einfach gestrickten Krokodile und Schlangen hingegen sind immer noch die Herrscher der Warmzeitbiotope, weil sie vor allem Nischen in den Tropen besetzen, wo der Wechsel von Kalt auf Warm am schwächsten ausfällt.

Das Gehirn allein nutzt gar nichts gegen die Tücken der evolutionären Veränderungen. Wer alles macht, was machbar ist, erfindet die nächste, noch größere Atombombe und macht schlussendlich Bumm. Unsere Bomben sind heute das, was in der Eiszeit die Riesensäbelzähne waren: sehr effektiv, aber halt nicht für ewig.

Unser Überleben können wir nur durch eine andere Fähigkeit unseres Gehirns sichern: Durch die soziale Intelligenz menschlicher Gruppen, in denen Männer und Frauen, sich komplementär ergänzend, gleichrangig am gemeinsamen Überleben arbeiten. Nur damit haben wir nämlich die letzten 5 Millionen Jahre überlebt. Das sollten sich alle Generäle und Generalstäbe mal hinter die Ohren schreiben, wenn sie wieder mal das Wort „Sicherheit" auf den Lippen führen.

Postsintflutliche Religionsdegeneration

Entgegen den Märchen und Legenden, die auf den interreligiösen Weltherrschafts-Foren verbreitet werden, brachten die derzeitigen Hochreligionen keinen Fortschritt, sondern sind eine eklatante Degeneration der alten Weisheitslehren, bedingt durch die Kollaboration der Kirchenfürsten mit den militärischen Krieger-Eliten. Dies gilt im besonderen Maße für alle Spielarten des vom Römischen Kaiserreich vergifteten Monotheismus. Alle Hochreligionen haben sich für Kriege missbrauchen lassen und damit das Wesen der Spiritualität verraten, Katholizismus und Islam wüteten allerdings am allerschlimmsten.

Christen und Moslems metzeln sich seit 1400 Jahren im Namen des einzigen und wahren Gottes gegenseitig nieder. Dies ist kein Zufall, sondern entlarvt den Ursprung und Zustand beider Religionen.

Vom 4. bis zum 6. Jhdt. hat sich die Bischofskirche als verlängerter Arm der römischen Kaiser radikalisiert und in gegenseitigen Ketzerbeschuldigen und Gemetzeln brutalisiert. Daraus gingen diverse Kirchenspaltungen hervor, von denen der

Islam die letzte und erfolgreichste war. Sie ist das direkte Ergebnis des spätimperialistischen Zerstörungswerks des Kaisers Justinian I., der die spätantike Welt mit Krieg, Unterdrückung und Intoleranz überzog, die antike Wissenschaft ächtete und in imperialistischer Überdehnung die friedliche Umwandlung der Spätantike zerstörte. Er provozierte damit ein Wiederaufflackern der Barbareneinfälle in Italien und auf dem Balkan und das destruktive selbstzerstörerische Finale im römisch-persischen Weltkrieg, den beide Reiche nicht überlebten. Mohammed war anfangs nur eine von Kaiser Heraklius geförderte Schachfigur, um Persien aus Mittelarabien rauszuhalten, der Aufstand der islamischen Araber nur die Spätfolge des 500-jährigen Missbrauchs der Stämme als Kanonenfutter der Kaiser und Schahs.

Der Islam ist bis auf Kleinigkeiten identisch mit dem Monophysitismus und dem Aufstand gegen die Lehre der Trinität, der Koran ist eine Sammlung syrisch-monophysitischer Riten und Gebete. Die Prinzipien beider Religionen sind nahezu die gleichen.

1. Radikale Ablehnung aller „Ungläubigen", gewaltsame Bekehrung und fanatische Religionskriege.

2. Radikaler Gottesbegriff, Monopolanspruch auf die Deutung aller spiritueller Phänomene

3. Radikale Unterdrückung der Frauen

Wer sich heute über die Ansichten der Moslems echauffiert, bekommt nur den Spiegel vorgehalten, was das „Christentum" in der Vergangenheit so alles verbrochen hat. Man beachte die Übereinstimmung der Kleidung der Gottesmutter Maria mit dem

Tschador und heutigen islamischen Bekleidungsvorschriften. Der interreligiöse Dialog zwischen Bischöfen und Imamen ist eigentlich kein Dialog, sondern ein Treffen völlig gleichgesinnter Radikalpatriarchen, die vor 1600 Jahren den Dialog miteinander abgebrochen haben, im Streit, wer die alleinige Macht über die Gehirne seiner „Schäfchen" ausüben darf.

Beide Glaubensmonopole sind unfähig zur spirituellen Weiterentwicklung und blockieren in ihrem mittelalterlichen Fanatismus die spirituelle Entwicklung der Menschheit. Die Berufung auf Jesus und Mohammed ist weitgehend eine Verfälschung der echten Lehren der Religionsgründer. Es ist ein eklatanter Missstand, dass der säkularisierte demokratische Staat solche Frauen- und Geistesunterdrücker weiterhin mit 99% der Gelder subventioniert, die eigentlich der spirituellen Entwicklung der Bürger dienen sollten. Wer da jetzt aufschreit, sollte mal alle Taten der Kirchenfürsten der letzten 2000 Jahre nach den Kriterien des Haager Gerichtshofs durchleuchten. Eine spirituelle Reinigung Europas kann nur gelingen, wenn im Falle von Kriegsverbrechen der Kirche die Verjährungsfristen aufgehoben werden.

VI. Anpassung an die globale Welt

Bewältigen, was wir selbst geschaffen haben

Der Rausch des Erfolgs führt kurzfristig oft zu einem Größenwahn, der den langfristigen Erfolg verhindert. Davon können viele One-Hit-Wonders in den Charts ein Lied singen. Viele Musiker schufen in einer Sternstunde eine schöne Melodie, die den Geschmack der Zeit traf und waren plötzlich berühmt. Wenn sie nicht konsequent und kontinuierlich an ihrer Kreativität weiterarbeiteten, verschwanden sie ebenso schnell in der Versenkung, wenn der Zeitgeschmack sich änderte.

Ähnliches gab es auch in der Evolution. Durch genetische „Erfindungen" waren bestimmte Arten allen anderen für kurze Zeit überlegen und breiteten sich aus wie eine Virusepidemie. Die Erfindung des verholzten Stammes ließ die ersten Bäume im Karbon buchstäblich in den Himmel wachsen. Ihre Nachfahren (Bärlapp, Farn und Schachtelhalm) sind längst wieder winzig klein, seit Konkurrenten ihnen den Holzstamm nachgemacht haben. Die Pioniere sind also den anderen nicht wirklich überlegen, sie nutzen nur als erste einen vorher unbekannten Vorteil.

Ähnlich erging es den ersten Menschen, den Homo erectus. Ihre Kombination aus Speerwurf und sozialer Gruppenintelligenz war so erfolgreich, dass sie fast die ganze damalige Welt besiedeln konnten, das war zuvor noch keiner Affenart gelungen. Durch den sozial noch geschickteren Homo sapiens wurden sie ebenso plötzlich an den Rand gedrängt, wie sie sich ausgebreitet hatten und schrumpften zu den zwergenhaften Homo floresiensis, die schließlich ausstarben.

Alle unsere Vorfahren sind ausgestorben, weil sich Klima und Umwelt so schnell änderten, dass ihr genetisches Material nicht mehr mithalten konnte. Das wird wohl auch uns Homo sapiens passieren, so unangenehm der Gedanke auch sein mag. Dabei dürften wir aber die erste Hominidenart sein, die nicht an externen Katastrophen wie Kometeneinschlägen oder Vulkanausbrüchen zugrunde geht, sondern an internen Katastrophen. Will heißen, wenn wir untergehen, sind wir daran selber schuld. Durch die explosionsartige Vermehrung von uns Menschen, von unseren Gütern und Waffen sind wir dabei, die Nahrungsbasis zu zerstören, die uns erschaffen hat. Das wiederum ist kein Zeichen von Intelligenz, denn das schafften bislang nur niedere Lebewesen, die sozusagen nicht wussten, was sie anrichteten. Gefährliche Viren fressen ihre Beutepopulation auf, Heuschreckenschwärme ihre Biotope. Am Ende sind Viren und Heuschrecken selber tot und es dauert sehr lange, bis neue Mutationen sich zurück ins Leben kämpfen oder neue Populationen heranwachsen.

Die einzige Chance, die unser Gehirn in unserer derzeitigen Lage zu bieten hat, ist zu erkennen, dass wir auf den Abgrund zurasen. Vielleicht kommt ein verantwortungsvoller Fahrer dann noch rechtzeitig auf die Idee, die Bremse zu benutzen und nicht das Gaspedal. Alle, die zählen können, können sich ausrechnen, dass die Menschheit nicht 3 Planeten gleichzeitig, abholzen, verbrauchen und missbrauchen kann. Wenn der letzte Baum gefällt ist, gibt es keine Früchte mehr, so einfach ist das.

Eine weitere Tatsache lässt unsere Überlebenschancen steigen. Die meisten Fakten, die unser Überleben als Art bedrohen, haben wir selbst hervorgerufen. Einen Vulkanausbruch kann man nicht stoppen, das Verheizen von Erdöl sehr wohl. Wir erkennen auch, dass eine Erdölheizung nicht nur eine Wohnung wärmt, sondern auch den Planeten aufheizt, im Verbund mit all den anderen von uns verursachten Verbrennungsvorgängen.

Unsere Situation kann man mit derjenigen alpiner Tourengeher vergleichen. Wer sich in den Alpen auskennt, weiß in der Regel, wann und wo im Winter die Lawinen abgehen. Tourengehen in meterhohem Schnee ist ein herrliches Abenteuer, aber wer in einen Lawinenhang fährt, löst die Katastrophe aus und ist schneller tot als die Bergrettung ausrücken kann. Manchen ist das egal und sie riskieren für einen kurzen Nervenkitzel ihr Leben. Andere halten sich zurück und leben meist länger.

Was beim einzelnen ein individuelles Risiko ist, ist bei globalen Vorgängen unser aller Risiko. Wenn die Leugner froh und munter weitere Lawinen auslösen, sind am Ende alle Menschen tot. Wollen wir das? Die demonstrierenden Schüler wollen es nicht, dazu ist ihnen ihr Leben zu wertvoll, das sie hoffentlich noch vor sich haben.

Wir müssen uns nur an die Veränderung anpassen, die wir selbst geschaffen haben, ja wir können sogar steuern, welche Veränderungen wir weiterlaufen lassen und welche wir stoppen. Wenn wir nur endlich unsere vielgepriesene Intelligenz auch nutzen würden, stünden unsere Überlebenschancen gar nicht so schlecht.

Zweimal probiert und zweimal abgestürzt

Es ist ja nicht so, dass wir keine Erfahrung mit Abstürzen hätten, ganz im Gegenteil. Seit Homo sapiens global agiert, hat er bereits zweimal versucht, die Herausforderungen einer globalen Kultur zu bewältigen und ist in beiden Anläufen grandios gescheitert. Es gibt uns zwar immer noch, aber wir erinnern uns nicht gern an die Fehler der Vergangenheit. Es ist viel bequemer, die Vergangenheit zu glorifizieren, uns auf die Schulter zu klopfen und mit einem fröhlichen „Weiter so" die Fehler ein drittes Mal zu begehen. Wer zwei Lawinen überstanden hat, kann es sich in der dritten gewissermaßen gemütlich einrichten. Man erfriert nicht unterm Schnee, nur die Luft wird knapp.

Die erste Lawine ging 10.000 BC ab, sie war tatsächlich aus Schnee und Eis, die zu Wasser und Flutwellen schmolzen. Vorher gab es wohl schon eine globale Menschheit mit vielen Fähigkeiten, über die wir heute nicht mehr Bescheid wissen. Der Überlieferung nach waren es vor allem geistige Fähigkeiten im spirituellen und parapsychologischen Bereich. Damals herrschten die Magier, die mit Gedankenkraft mehr bewegten als heutige Techniker mit ihren Maschinen. Die Überlieferung erzählt auch, dass damals zu viele Zauberlehrlinge unterwegs waren, die die Wasser, die sie riefen, nicht mehr stoppen konnten. Goethe lag gar nicht so falsch mit seinem Gedicht.

Jetzt mach aber mal halblang, wie soll das gehen? Selbst wenn es Atlanter gab, hatten die doch weder Elektrizität noch Atomkraft, noch Verbrennungsmotoren?

Das brauchten sie auch nicht. Die Magier trainierten Fähigkeiten, wie sie heute noch Yogis in Indien trainieren und üben. Mit Gedanken- und Willenskraft können sich diese die Zunge abschneiden und wieder anfügen, sich Nadeln durch alle Körperteile stechen, ohne Schaden zu nehmen und mit den Händen kranke Organe aus dem Körperinneren entfernen. Keine Ahnung, wie das geht, aber die Berichte darüber wollen nicht aufhören. Wenn es unsichtbaren Elektromagnetismus gibt, wie uns heutige Techniker versichern, warum soll es nicht unsichtbare seelische Energien geben, mit der damals die Magier arbeiteten?

Die Atlanter entdeckten wohl das Energienetz der Erde, das an bestimmten Kraftorten zu Tage tritt. Das Plateau von Gizeh, Stonehenge, die Azoren, der Kailash, der Uluru, Mururoa – vielen dieser Orte schreibt man heute noch besondere Kräfte zu (Paganini 2014). Diese konnte man durch Rituale nutzen, verstärken, oder auch missbrauchen. Heute drückt ein Techniker auf einen Knopf und eine Bombe explodiert, das ist für einen Khoisan mehr als erschreckend, um nicht zu sagen, völlig aberwitzig und irreal. Ein solches Experiment gelingt nur, weil die Physik gelernt hat, in das Gleichgewicht der physischen Kräfte einzugreifen und diese auszunutzen, leider nicht immer zum Guten. Ein Aborigine schüttelt darüber nur den Kopf, denn was soll der Sinn einer solchen Zerstörung sein, auf die die weißen Papalagi sich so viel einbilden?

Ebenso schlagen wir uns heute atlantische Fähigkeiten aus dem Kopf. Regen machen, Stürme provozieren, Erdbeben auslösen – wer macht denn sowas?

Doch wir tun ja auch nichts anderes: Geo-Engineering heißt das heute und ist der große Traum der Technikgläubigen. Alle technischen Probleme lösen wir wieder durch technisch gesteuerte Energien. Wenn dann aus Unachtsamkeit halb Beirut in die Luft fliegt, tja, wer konnte das denn ahnen?

Die Welt ist voller Energie und wir haben längst noch nicht alle Energieformen verstanden, kein Mensch kann sich vorstellen, wie Quanten und Strings eigentlich funktionieren. Wie können wir sicher sein, dass die Atlanter nicht etwas entdeckten, das so gefährlich wurde, dass wir sogar die Erinnerung daran verdrängt haben? Doch Atlantis ist lang vergessen und verdrängt, was immer damals passiert ist.

Wenn die Sintflut die erste Katastrophe war, was war dann die zweite?

Die gescheiterte Globalisierung der Antike

Es dauerte 10.000 Jahre, bis die Menschheit sich von der Sintflut-Katastrophe wieder erholt hatte. Kaum hatte sie wieder Oberwasser, wurde sie auch wieder übermütig. Zwar versuchten die Klugen den friedvollen Weg, der allen zu Wohlstand verhilft. Die Machtgierigen aber sahen nicht ein, dass mit allen zu teilen eine gute Sache sei, wenn sich Geld und Macht auch in den Händen weniger konzentrieren ließen.

Vor 2200 Jahren wuchs die Welt ein zweites Mal zusammen, nachdem die weltweiten Verbindungen der Atlanter versunken waren. Händler befuhren die Meere, die Phönizier das Mittelmeer und den Atlantik, die Ägypter kamen bis Indien, die Inder bis zu den Molukken, trafen dort auf die Chinesen. Die Polynesier eroberten den Pazifik, erreichten Südamerika und Mexiko. Es war wahrlich eine große Zeit, doch leider dauerte sie nicht lange. Die globale Handelswelt zerbrach am Sieg der Krieger über die Händler. Die Schlüsselzeit der westlichen Antike waren die Kriege der Römer gegen die Punier und der Griechen gegen die Perser, die Heldensagen der Antike-Fans. Zwar kam auch danach die Seide von China bis Rom, aber die hohe Zeit der Händler war durch die Imperien der Krieger abgelöst.

Die Geschichte Europas wurde von den martialischen Römern in deren Latein geschrieben, doch ohne Alternative war dies nicht. Bevor Konsuln und Caesaren auf den Plan traten, beherrschten 700 Jahre lang die Karthager das Mittelmeer – nicht durch Krieg, sondern durch Handel. Sie befestigten wohl ihre Stützpunkte, sahen aber wenig Sinn in Krieg und Eroberung. Ihre Kulturgüter und Handelsobjekte waren so attraktiv, dass die Nachbarvölker gerne mit ihnen tauschten und handelten, davon profitierten alle, auch ohne Kämpfe. Das war den römischen Generälen gar nicht recht, in drei blutigen Kriegen vernichteten sie die karthagische Konkurrenz. 146 vZ wurde die antike Handelsmacht Karthago von der römischen Armee ausgelöscht. Damit verschwanden die großen Seefahrer für 1500 Jahren vom Antlitz der Erde. Erst im 15. Jhdt. griffen die Portugiesen die phönizischen Traditionen im Atlantik wieder auf, Spanier, Holländer und Briten folgten ihnen nach, und wurden in eben dieser Reihenfolge zu führenden Seemächten Europas, die die Globalisierung vorantrieben. Ab 1492 standen die Seemächte wieder auf, nachdem ab dem römischen Sieg über die Punier die Landmächte vorgeherrscht hatten. Die von den Europäern angetriebene Globalisierung geschah wieder durch Handel. Handel vereint heute die globalisierte Welt und wieder profitieren alle davon. Ohne den römischen Militarismus wäre die Handelsglobalisierung wohl früher gekommen. Hätten die Römer die karthagische Seefahrt nicht vernichtet, hätte der Handel mit Amerika schon 1000 Jahre vor Kolumbus zum Austausch der atlantischen Zivilisationen geführt und es gäbe die mexikanischen und peruanischen Kulturen noch heute, mit all ihren Schätzen und Erfindungen (Opelt 2020g). Was für eine Verschwendung menschlicher Kreativität und Kunst wurde durch die von Militaristen vergiftete dritte Globalisierung in Gang gesetzt, die heute wieder kurz vor dem Absturz steht!

Für Seemächte wie die Karthager ist das Meer der Verkehrsweg, die Seerouten sind die Adern des Imperiums. Ruhm und Ansehen von Seefahrern bestehen in der Erschließung neuer Routen und in der Steigerung von Gewinn und Wohlstand. Seefahrer denken wirtschaftlich, Landmächte denken militärisch. Auf lange Sicht sind Seemächte erfolgreicher, weil ihr Kräfteeinsatz effizient und produktiv ist, während militärische Zerstörung und Beherrschung eroberter Länder sehr schnell im Bankrott der imperialen Überdehnung enden, an der alle Landmächte zerbrochen sind (Kennedy 1991).

Landmächte denken in Landbesitz, ihre Verkehrsadern sind Überlandstraßen und Eisenbahnen. Sie müssen expandieren und immer neue Länder erobern, um neuen Besitz zu akkumulieren. Sie neigen zur Ausbeutung eroberter Völker und brauchen immer mehr und immer teureres Militär, um Aufstände von innen und Angriffe von außen zurückzuschlagen. Ihre Expansionsgrenze wird durch die Schnelligkeit des Transports auf den Straßen definiert. Je größer die Entfernungen, desto teurer und langsamer wird die Versorgung der Truppen. Bei Überschreitung der Expansionsgrenze geht die Landmacht früher oder später Bankrott. Diesen Punkt überschritt die UDSSR mit der Eroberung Afghanistans, 12 Jahre später brach sie zusammen. England eroberte 1918 den Süden des Osmanen-Reiches, nahm dafür die blutigen Verluste der Weltkriege in Kauf und dankte 1947 als Weltmacht ab, weil es Indien verlor (Kennedy 1991).

Für Seemächte ist die Rechnung anders. Die Meeresrouten sind kostenlos zu haben, ein paar Häfen und Stützpunkte reichen aus, um den ganzen Welthandel an sich zu ziehen und daraus so viel Profit zu ziehen, dass Marine und Häfen leicht zu unterhalten sind. Noch dazu ist Schiffshandel die billigste Logistik, allem technischen Fortschritt von Autos und Autobahnen zum Trotz, deren Kosten immer teurer werden, je mehr Technik eingesetzt werden muss. Autos sind nur für das letzte Stück der Lieferkette effizient, während Schiffe als schwimmende Lagerhäuser doppelt billig sind und umso billiger werden, je größer sie sind.

Kretische Minoer und phönizischen Karthager wurden mit dem Seehandel reich und benötigten kaum Geld fürs Militär. Die Karthager prosperierten 600 Jahre lang fast ohne Kriege und schufen einen für die damalige Zeit beispiellosen Wohlstand. Keine der europäischen Großmächte hielt so lange durch, die Mächte der Neuzeit stürzten nach spätestens 200 Jahren ab in die Bedeutungslosigkeit.

Ein globales Gleichgewicht ist nur über die Strategie der Seemächte herzustellen und durch globalen Handel zum Vorteil aller zu sichern. Das ist nicht weiter verwunderlich, bedeckt das Meer doch 70% der Erdoberfläche. Die Eroberungsstrategie der Landmächte hingegen ist nachhaltig und immer wieder gescheitert, denn an Land kommt man nicht weit. Ein Landhegemon kann zwar seine Region dominieren, die Errichtung eines Weltreichs ist aber Illusion und immer nur scheinbar und für kurze Zeit gelungen. Das größte Landreich der Geschichte, das der Mongolen, brach innerhalb von 100 Jahren auseinander und hatte wenig nachhaltigen Effekt auf die eroberten Länder. Ebenso hat sich das British Empire innerhalb von 100 Jahren so erschöpft, dass alle Kolonien in die Unabhängigkeit entlassen werden mussten. Wozu dann die vielen Kriege, die vielen Morde und die Millionen unterdrückter Menschen?

Die Eroberungsstrategie der Römer hat Europa in eine Sackgasse geführt, weil Könige und Feldherrn nichts anderes kannten als Caesar, Cato und Cicero und all die anderen Lateiner, die ihnen in den Schulen als große Vorbilder hingestellt wurden. Alle Helden Europas wollten Eroberer werden und scheiterten alle kläglich. Von der karthagischen Alternative wussten sie nichts, da der Neid der römischen Sieger diese allesamt hatte in der Versenkung verschwinden lassen.

Nachdem die Eroberungsstrategie großer Feldherren in den Weltkriegen sein blutiges Fanal erreicht hat, erscheint nun allen Anführern globalisierter Handel als Weg in die Zukunft, die Kriege nicht braucht. In den nächsten Jahrzehnten wird entschieden, ob die globale Zusammenarbeit nach der Handels-Strategie der Karthager gelingt oder mit der Militärstrategie der Römer ein weiteres Mal in die Katastrophe führt. Ein multipolares Gleichgewicht, mit friedlichem Austausch zum Vorteil aller, das ist die Zukunft der Menschheit, wenn es denn eine Zukunft gibt. Die kranke Vision von der Weltherrschaft verkommt sogar in jedem James-Bond-Film am Ende zur Karikatur. Als Weg der interkontinentalen Zusammenarbeit ist sie dysfunktional und illusionär. Die USA werden wahrscheinlich die letzte Hegemonialmacht der Weltgeschichte sein und dies nicht mehr lange, denn bereits in 15 Jahren wird China die USA wirtschaftlich überholen.

Wir Europäer sind durch die Geschichtserzählungen unseres Patriarchats einseitig informiert und daher voreingenommen gegenüber anderen Kulturen. Betrachten wir versuchsweise die Geschichte aus der Sicht eines Landes, das seit 2000 Jahren zwischen Europa und dem Nahen Osten zermahlen wird wie zwischen riesigen Mühlsteinen – Tunesien, das die arabische Revolution ausgelöst hat.

Tunesien ist das ehemalige Land der Karthager. Doch niemand weiß mehr etwas von den Leistungen der Karthager, die eine ganz andere Kultur hatten als Griechen, Römer und Europäer. Woher sollen wir es auch wissen? 146 vZ haben die Römer alle Schriften der Phönizier verbrannt und die Punier als Kindsmörder denunziert. Alle römischen Schriften über Karthago wurden erst nach 146 vZ geschrieben, als sich kein Karthager mehr gegen derartige Unterstellungen wehren konnte.

Die Römer gewannen nur deshalb, weil sie die effizienteren Mörder waren und unbegrenzt Legionäre rekrutieren konnten. Sie waren ein militarisiertes Volk von Soldaten, die alles niederwalzten, was ihnen im Weg stand. Und das war vor allem die karthagische Konkurrenz. Da sich Karthago nach dem 2. Punischen Krieg rasch erholte und wieder zur wirtschaftlichen Großmacht wurde, weil das karthagische Handelsmodell einfach besser funktionierte als der römische Militärstaat, musste es ein für alle Mal zerstört werden. „Carthaginem esse delendam" (Karthago muss zerstört werden), schrie Cato der Ältere täglich, bis die Stadt der Händler tatsächlich niederbrannte.

Die Karthager waren Händler, keine Soldaten. Wenn sie ihr Land verteidigten, mussten sie Söldner anwerben und teuer bezahlen. Das taten sie nur widerwillig, lieber fuhren sie mit ihren Schiffen durch Mittelmeer und Atlantik, um allen Völkern schöne Waren zu bringen. Dass Iberer, Numider, Sarden, Sizilianer und Libyer diese Waren haben wollten, war die eigentliche Macht der Karthager. Sie brauchten diese Länder nicht zu erobern, Handelsstützpunkte und Häfen genügten ihnen, die Menschen kamen ganz von selbst auf ihre Märkte, denn die fanden sie toll.

250 vZ war Karthago eine Weltstadt, Rom eine Ansammlung von feuergefährdeten Holzbuden. Hannibal war der geniale Feldherr und Stratege, ihm gingen nur die Söldner aus, während Rom ein unerschöpfliches Reservoir an zwangsrekrutierten Legionären hatte. Nach ihrem Sieg lebten die reichen Senatoren gut von ihren afrikanischen Landgütern. Vandalen, Byzantiner, Araber, Kreuzritter, Spanier, Franzosen − Eroberer kamen und gingen. Heute blicken die Europäer hochnäsig auf die „unterentwickelten" Maghrebiner herab und übersehen dabei das Wichtigste: Die Tunesier sind die letzten Erben der matrifokalen Kultur Europas, die vom kriegerischen Patriarchat ausradiert wurde. Zuletzt eben 146 vZ mit dem Fall Karthagos. Dessen Geschichte beginnt an der Donau, im Jahr 5000 vZ. Dort erfanden die Frauen der Donaukultur den Handel, die Schrift und den Wohlstand. Mit ihren Booten befuhren sie alle Nebenflüsse der Donau und die Donau selbst und brachten überallhin Güter, die gern gekauft wurden. Militär brauchten sie keines, denn die Völker ringsum hätten niemals die wunderbaren Märkte zerstört, wo es alles gab, was das Herz begehrte.

Mit Ausnahme der Indogermanen Südrusslands, die wollten auch die schönen Güter haben. Aber da sie Nomaden waren und nichts zum Handeln anzubieten hatten, eroberten sie den Donauraum mit Schwert und Streitwagen, nahmen sich die

Schätze mit Gewalt, die sie mit friedlichen Mitteln niemals bekommen hätten.

Die Frauen der Donaukultur weigerten sich, zu Kriegerinnen zu werden, denn damit hätten sie sich selbst und ihre Lebensweise aufgegeben. Sie flüchteten auf die griechischen Inseln und schufen auf Kreta und Santorin die minoische Kultur, von der die europäische Kultur mit all ihren Ideen abstammt. Das machte die griechischen Indogermanen neidisch. 1450 vZ eroberten diese Kreta und nahmen den Minoern den Mittelmeerhandel weg. 1200 vZ rückten die indogermanischen Dorer nach, vertrieben die Mykener nach Zypern und Syrien und zerstörten alles, was an die Leistungen der Frauen erinnerte. Über Griechenland senkten sich die dunklen Jahrhunderte, in denen alles verfiel. In Zypern und Phönizien bauten die überlebenden Mykener ihre Händlerkultur wieder auf, die sie von den Minoern übernommen hatten. 600 Jahre lang befuhren sie als Phönizier das Mittelmeer und brachten allen Völkern schöne Waren. Das hielten wieder die Assyrer nicht aus. Sie eroberten Phönizien und die Händler flohen nach Karthago. Wieder belieferten sie das ganze Mittelmeer und lebten in Wohlstand, bis die Römer eifersüchtig wurden und alles zerstörten. Nicht auszudenken, wie die Welt heute aussehen würde, wenn der geniale Hannibal die Römer besiegt hätte, womit anfangs alle rechneten. Der Welt wären viele Grausamkeiten erspart geblieben und die Globalisierung hätte schon vor 1000 Jahren durch phönizische Handelsschiffe stattgefunden und nicht durch kriegerische Konquistadoren (Opelt 2020g).

Der Kampf zwischen Rom und Karthago war somit ein Streit entgegengesetzter Kulturen. Die Römer waren patriarchalisch und militaristisch, die Karthager die letzten Überlebenden der matrifokalen Handelskultur, die sich vom Donauraum über Griechenland und Phönizien im ganzen Mittelmeer ausbreitete. Naheliegend, dass das beste Seefahrervolk der Antike sich auch auf den Ozeanen ausgebreitet hätte und zwar schon 1500 Jahren vor den Europäern, die die Hochseeschifffahrt eher aus Zufall und Not heraus entdeckten, weil der Handel mit Indien durch das türkische Reich unterbrochen war. Mit ihren Kanonenbooten entdeckten die Europäer zwar die ganze Welt, brachten aber überall Tod und Zerstörung, weil sie ihren gewohnten Militarismus nicht ablegen konnten. Die Karthager hingegen kamen in Frieden und waren meist hochwillkommen. Die globale Ausbreitung ihrer Handelskultur wäre viel friktionsfreier und schneller erfolgt als die tragische Unterwerfung der Welt durch die Kolonialmächte mit Massakern, Ausbeutung, Aufständen und Entkolonialisierungskriegen (Reinhard 2018).

Eine begrenzte Welt

Die ältesten Stämme der Welt sind die Khoisan in Namibia und Botswana. Sie wurden meist übersehen, denn ihre Lebensweise war den Europäern einfach „zu primitiv". Dabei sind sie der älteste Schlüssel zum Verständnis unserer Herkunft. Dies erklärt uns ein verrückter Regisseur, James Uys, auf höchst amüsante Weise im Film „Die Götter müssen verrückt sein". Zum Totlachen, aber eigentlich todernst, was wir da zu sehen bekommen.

Für die Khoisan in Südafrika war das Leben einfach, zumindest bis die Weißen kamen. Sie lebten 100.000 Jahre lang auf die Art ihrer Vorfahren und wussten nichts vom Rest der Welt. Sie wanderten durch Halbwüsten und Savannen, sangen ihre Lieder und erzählten die Geschichten der Ahnen, so wie sie es immer getan hatten. Sie wussten nichts vom Rest der Welt, die erobert wurde, sich „zivilisierte" und bekriegte und selbst wenn sie es erfahren hätten, hätte es sie nicht interessiert.

Sie bewahrten sich ihr einfaches, zufriedenes und glückliches Leben mit einem einfachen Trick ihres Gehirns. Sie glaubten an die Begrenztheit ihrer Welt, seit ihre Ahnen ihnen erzählt hatten, dass man nicht ans Ende der Welt gehen dürfe. So blieb ihnen jede Grenzerfahrung erspart, die für den Rest der Menschheit nur Leid und Schmerz gebracht hatte.

Die Khoisan und mit ihnen alle unsere afrikanischen Vorfahren waren in gewissem Sinne das radikale Gegenteil von uns modernen Menschen. Sie glaubten nicht an Eroberung, Entdeckung und schon gar nicht an Fortschritt. Welcher Fortschritt? Wer hätte an ihrer perfekten Welt denn etwas ändern wollen, die doch alles bot, was ein Mensch sich erträumt: Sonne, Wind, Wärme, Wurzeln, duftende Erde und heißen Sand, Bäume, die zum Himmel wachsen, Wasser an besonderen Stellen, Elefanten, Löwen, Nashörner, Gazellen und all die wunderschönen Tiere des Landes. Wer dieses Paradies verließ, der konnte nur verlieren, so sagten es die Ahnen. Wie recht sie hatten!

Wir klugen Europäer haben zwar alles Mögliche gefunden und sehnen uns doch zurück in die Savanne Afrikas, unsere Heimat, die in sich ruht, seit es Hominiden gibt. Wir zahlen teure Reisen, um einmal im Leben jene Wildnis zu sehen, die die Khoisan ihr ganzes Leben um sich haben.

Wer ist nun weiser? Die die fortgeschritten sind, oder die die blieben?

Die Khoisan haben sich fürs Bleiben entschieden und sind damit gut gefahren, solange man sie ließ. Erst seit die Fortgeschrittenen sie heimsuchen, geht es ihnen schlecht, denn man raubt ihnen das Land, das für sie die Welt ist.

Geh nicht ans Ende der Welt, so lautet ihr Gesetz. Nutze was du hast und behandle es gut, dann lebst du glücklich und wirst ein weiser Alter, eine weise Alte, die den Jungen von den Ahnen erzählt und dafür bewundert und geachtet wird.

Die Khoisan sind die Adepten der Begrenztheit. Denn ihre Welt endet dort, wo das Gebiet ihres Stammes endet. Nur was die Füße eines San betreten, die Hände eines Khoi begriffen, die Augen eines „Menschen" gesehen hatten, war die Welt. Wer dieses Gesetz nicht achtete und über das Ende der Welt hinausging, stürzte in einen Abgrund und wurde nie wieder gesehen.

Wer will das schon?

Wir Menschen der Zivilisation sind Adepten der Flucht. Wir laufen in alle Richtungen, kopflos, hirnlos, ziellos, Hauptsache weg. Sowas tut ein Khoi nur, wenn ein Löwe kommt, und dem geht schnell die Puste aus, dann ists mit dem Lauf schon wieder vorbei. Für die San sind wir dauerverängstigte Flüchtlinge, die nicht erkennen können, dass kein Löwe mehr hinter ihnen her ist. Dumme Menschen halt, die keine Ahnung von der Natur haben.

Die fleißigen Deutschen in Südwestafrika waren über den gemütlichen Lebensstil der San so entsetzt, dass sie gleich einmal die meisten umbrachten. Dafür wurden sie von den Engländern wieder verjagt und auch die hielten sich nicht lange. Geblieben sind die Ovambo aus dem Norden, denen gehört nun das Land. Aber kann ein Land jemand gehören, das der große Geist den San als ihre Welt geschenkt hat, damit sie es achten und gut behandeln? Wie kann jemand ein Land besitzen, dass er misshandelt, dem er die Eingeweide rausreißt, dessen Wasser er abgräbt und dessen Bäume er fällt? Der große Geist ist manchmal unergründlich, aber er wird den Fremden ein Land nicht lassen, das er ihnen nie gegeben hat. Dann fällt es an die San zurück.

Europäer, Asiaten, Amerikaner – wir sind nun 100.000 Jahre lang vor uns selbst geflohen, hoffend auf ein Paradies, das uns irgendwo in der Ferne empfängt, wo Milch, Honig und Gold in Strömen fließen. Gefunden haben wir viele Paradiese, doch die meisten haben wir zerstört, weil wir sie nicht zu schätzen wissen. Wie soll jemand ein Paradies erkennen, der seine Heimat nicht achtet? Kann nicht gehen, das weiß doch jeder San (= Mensch).

Wir sind ans Ende unserer Reise angelangt. Wir haben alle Grenzen überschritten, alle Länder der Erde erobert und sind nun an der letzten Grenze angelangt. Die Erde ist begrenzt, selbst wer sie 100mal umwandert, wird nichts Neues mehr entdecken. Wohl kann er sich in eine Rakete setzen und zum Mars fliegen, aber überleben wird er das nicht.

Da schütteln die Ahnen der San ihr weises Haupt: Haben wir euch doch gesagt! Du kannst deine Grenzen nicht überschreiten und selbst wenn du es tust, gewinnst du nichts dazu. Du bleibst in deinen Grenzen wo immer du auch bist. Also kümmre dich um das Land, das dir geschenkt ist und verwalte es klug.

All unsere Maschinen, Motoren, Raketen ändern nichts am Lauf der Welt. Der Mensch bewegt sich im Kreis und kann nur lernen, seine Rituale gut zu beschreiten, bis der große Geist ihn wieder zu sich holt. Klüger als der Geist zu sein, ist noch keinem gut bekommen.

Nach 100.000 Jahren sind wir wieder am Ausgangspunkt angelangt: Wir leben in einer begrenzten Welt! Zwar sind die modernen Grenzen viel weiter als die der San, aber das Problem bleibt das Gleiche. Wir müssen mit dem auskommen, was wir haben, der große Geist schenkt uns kein zweites Land und keinen zweiten Planeten.

Nachhaltigkeit heißt das heute. Wenn die klugen Forscher darüber einen Vortrag halten, kriegen die Khoi einen Lachkrampf. Soooo weit musstet ihr laufen, bis ihr das endlich erkannt habt?

Neue Sintflut oder Neues Bewusstsein?

Die Erde ist voller Wunder in vielfacher Gestalt. Sie ist uns geschenkt, damit wir von ihr lernen und daran wachsen, so wie die Bäume der Wälder, die tausende Tiere beherbergen und hunderte kleinere Pflanzen. Wer groß wird, hat für die Kleineren zu sorgen, denn wofür wäre er sonst groß?

Nur die Erde ist wirklich groß. Sie sorgt für alles Leben auf ihr und bietet jedem Wesen seinen Platz. Sie ist so groß, dass sie alles beherbergt, was der Mensch sich nur vorstellen kann. Die Dauer und die Regelmäßigkeit, mit der sie ihre Bahn zieht, um die Sonne und um sich selbst. Die Veränderung, mit der sie ihre Kreise zieht, von einem Extrem zum anderen und wieder zurück.

Wüste und Eisball, die Erde kann alles sein und ist es auch, aber alles zu seiner Zeit. Damit das Leben weiterwächst, wird es von der Erde bewegt. Sie ändert die Ströme der Meere und das Blasen des Windes, sogar den Gang der Kontinente, mischt alles immer wieder neu, denn nur so kann Neues entstehen. Auch das Alte bleibt, gefangen in den Gesteinen, deren Puls so langsam schlägt, dass kein Mensch ihn hören kann. Und doch ist er da, doch sein Rhythmus ist ein anderer. Das Gestein ist der große Bewahrer, das Gedächtnis der Erde, in dem man lesen kann, was vor Jahrmilliarden geschah. Ohne Steine würde das Leben in der Glut des Inneren versinken.

Ist nicht alles sinnvoll, so wie es ist? Warum willst, Mensch, du alles ändern, das sich doch nicht ändern lässt? Wohl kannst du träumen und ausprobieren, was immer du willst, das ist deine Freiheit auf Erden. Und doch kannst du ihr nicht entfliehen, sie holt dich zurück auf den Boden der Realität.

Warum wollen Menschen alles ändern, umformen, transformieren? Was suchen sie da, wo es nichts mehr zu finden gibt? Das Eis der Antarktis, den Nullpunkt des interstellaren Raums, wo kein Leben mehr möglich ist?

Und doch hat diese Suche ihren Sinn. Wir suchen uns selbst, wir suchen unsere Heimat. Soweit mussten wir gehen, um endlich zu erkennen, dass die ganze Erde unsere Heimat ist, vielleicht auch noch das Sonnensystem, das Licht und Schatten, Ebbe und Flut, Energien und Stimmungen erzeugt. Es könnte ein Neues Bewusstsein entstehen, ein planetarisches, das uns alle eint und mit der Erde in Frieden leben lässt. Das wünscht sich unsere Mutter von uns, dass wir endlich einsichtig werden, erkennen, was wir haben, gestalten, was uns geschenkt ist und nicht mehr alles zerstören, wie es nur dumme Dreijährige tun.

Vielleicht schaffen wir es diesmal. Die Erde und alles auf ihr zu lieben, uns als planetarische Menschheit mit unserer Mutter vereint zu fühlen und auf ihr geborgen wie ein Säugling an der Brust.

Wenn nicht, macht es auch nichts, die Erde hat Zeit. Kommt die nächste Eiszeit, die nächste Sintflut, die nächste Generation der Seelen, die vielleicht schon weiser sind als wir. Wer weiß?

Gemeinschaftsdenken, die wichtigste Fähigkeit des Menschen

Die Erde zu lieben, das klingt so einfach, doch tun wir uns so schwer damit, immer schwerer, je weiter wir von ihr fortschreiten. Dabei haben wir die Antwort im Herzen, sind süchtig nach Liebe.

Wir sind süchtig nach Liebe. Als biologische Frühgeburt können wir nicht überleben, ohne uns am Körper unserer Mutter warm und geborgen zu fühlen und von ihrer warmen Milch genährt zu werden. Wenn uns die Mutter fallen lässt und niemand anderer uns auffängt, dann fressen uns die Raubtiere.

Sobald wir laufen können, nährt uns der ganze Stamm. Alle Erwachsenen passen auf die Kinder auf und lassen sie nicht allein, denn die Kinder sind das Leben der Zukunft, ohne die der Stamm endet. Zu vielen Völkern ist das schon passiert, als dass man Kinder „wegschmeißen" könnte wie vergammeltes Holz. Das tut kein vernünftiger Mensch.

Doch heute? Kinderarbeit, Kinderhandel, Kinderprostitution. Kinder sind zum Rohstoff geworden, wie jedes Tier, jede Frau, jeder Mensch, der keine Macht hat. Rohstoffe werden behauen, benutzt, entsorgt. Den Steinen ist das egal, den Kindern nicht. Wer derart traumatisiert wird, wird verrückt. Oder gefühllos. Oder brutal. Oder alles zusammen. Die Menschheit züchtet sich ihre Mörder selbst. Und ist höchst erstaunt, dass Gefängnisse so gar nicht helfen.

Die technische Zivilisation ist KEIN Fortschritt, sondern eine Degeneration unseres Wesens. Weil die Liebe der Mütter wertlos ist, weil alle Frauen minderwertig sind, wird seit 5000 Jahren die Liebe der Mütter mit allen technischen, finanziellen, religiösen und juristischen Mitteln behindert. Irgendwann fließt sie nicht mehr, so ein Pech aber auch.

Die Mutter-Kind-Deprivation unserer Zivilisation führt dazu, dass fast alle Menschen depriviert sind, ausgenommen jene, die das Glück einer glücklichen Mutter haben, aber so viele sind das nicht. Der Rest hungert ein Leben lang nach dem, was er nie bekommen hat und auch weiter nicht bekommt, weil er totsicher auf Gleichgeschädigte trifft, die auch nicht wissen, wie Liebe geht. Dann verletzt man sich gegenseitig, reißt alte Wunden wieder auf, gibt sie an die eigenen Kinder weiter. Man rächt sich an Ersatz-Vogelscheuchen, die den Hass abbekommen, den eine lieblose Kindheit erzeugt. Das ist die wahre Wurzel der Kriege.

Doch bietet die Gesellschaft so viel Ersatz für den grausamen Mangel - Noten, Zeugnisse, Orden, Titel, Prestigegüter, Alkohol, berauschende Drogen. Nach denen werden wir süchtig oder süchtig gemacht. Denen laufen wir nach, weil sie versprechen, was wir noch nie hatten. Der Glücksrausch von Heroin, Opium, Applaus, Runners High, Erfolg, Macht oder Amoklauf füllt für kurze Zeit die Gehirnspeicher der Glückshormone und Neurotransmitter auf jenen Level, den jeder Säugling haben sollte, viele aber nie kennen lernten, weil er nur durch die Augen einer liebenden Mutter gefüllt werden kann.

Der Rausch der Drogen verschwindet nach kurzer Zeit und bringt einen auf den Affen. Wenn die Speicher von Dopamin, Oxytocin und Serotonin sich wieder leeren, kommt der Körper in entsetzlichen Stress und ist zu allem bereit, um nur wieder Stoff zu bekommen. Manche stehlen dann oder lassen sich bestechen, viele betrügen, werden rücksichtslos, manche töten sogar. Egal, ohne Stoff kein Glück, ohne Glück kein Leben.

Irgendwann glauben wir daran, dass das unsere Welt ist, dass diese nicht anders sein kann, dass man sich schinden und verbiegen muss, um das bisschen Stoff für das kurze Glück zu bekommen, Brosamen vom Tisch der Mächten, die sich zufrieden zurücklehnen, weil alle Sklaven spuren und nicht mehr merken, dass sie Sklaven sind.

Für die, die skeptisch sind, zweifeln, hängen die Karotten knapp vor den Nasen der Esel: Was du jetzt nicht hast, bekommst du später, du musst dich nur anstrengen und auf den Fortschritt warten, der kommt bestimmt und dann kannst auch du reich werden und dir Sklaven halten. Du musst nur positiv denken und alles durch die rosarote Brille sehen, dann führt dich die Kraft deines positiven Denkens von selbst ins Kapitalismus-Paradies.

Doch jeder Rausch geht einmal zu Ende und jeder Kater ist irgendwann der letzte, wo es dem letzten Betrogenen reicht. So geht es nicht weiter, der Albtraum muss enden, er wird bald enden, weil die Grenzen der Erde erreicht sind.

Zeit sich unsrer Natur zu besinnen, die uns 5 Millionen Jahre überleben hat lassen. Nicht der Faustkeil, nicht der Speer, nicht das Schwert und schon gar nicht die Atombombe haben die Menschheit vor dem Aussterben bewahrt. Unser geniales Gehirn hat es nie vergessen: Nur gemeinsam sind wir stark. Nur in der Gruppe vertreiben wir die Raubtiere. Wir sind was wir sind, durch die anderen um uns herum (Largo 2020). Wenn jeder lächelt, kommt Lächeln zurück. Wenn jeder anerkennt, ist jeder wertvoll. Wenn jeder liebt, sind wir von Liebe umgeben.

Wir sind süchtig nach Liebe und das ist gut so. Diese Sucht kann nur durch Liebe gestillt werden, so wie nichts den Säugling besser nährt als die Milch seiner Mutter. Wenn wir von unserem Stamm geliebt und anerkannt sind, kann uns nichts geschehen, weil alle helfen, selbst wenn was geschieht.

Dies ist die Zukunft, in der friedliche Menschen entstehen. Gemeinschaft, Anerkennung, Liebe, Respekt sind die Wundermittel. Unsere sozialen Fähigkeiten werden uns retten, nicht die Explosivstoffe unserer Waffen und auch nicht die KI unserer Computer. Man kann zwar seinen Porsche oder seine Yacht „lieben", aber zum Menschen macht uns das nicht, ganz im Gegenteil. Paul Getty „liebte" seine teuren Gemälde und hortete sie in seinem Haus. Er war der reichste und gleichzeitig der meistgehasste Mensch seiner Zeit. Seine Zukunft ist nicht die unsere.

Literaturverzeichnis

Appelbaum, B: Die Stunde der Ökonomen: Falsche Propheten, freie Märkte und die Spaltung der Gesellschaft. Fischer 2020

Armbruster, K: Das Muttertabu oder der Beginn von Religion. Editioncourage 2010

Armbruster, K: Gott, die MUTTER: Eine Streitschrift wider den patriarchalen Monotheismus. BoD 2013

Armbruster, K: Der Muschelweg - Auf den Spuren von Gott der Mutter: Die Wiederentdeckung der matrifokalen Wurzeln. BoD 2014

Bornemann, E.: Das Patriarchat. Frankfurt 1984.

Böttcher, C.H: Der Ursprung Europas. Röhrig Universitätsverlag 2000

Bott, G: Die Erfindung der Götter 2. BoD 2014

Burenhult. G.: Die Menschen der Steinzeit. Augsburg 2000.

Cahill, Th: How the Irish saved civilization: the untold story of Ireland's heroic role from the Fall of Rome to the rise of Medieval Europe. Doubleday 1995

Canetti, E.: Masse und Macht. Frankfurt/Main 1980.

Chaniotis, A: Die Öffnung der Welt. Eine Globalgeschichte des Hellenismus. Wbg Theiss 2019

Charpentier, L: Das Geheimnis der Basken. Walter Vlg 1990

Chotjewiez, P: Der Fall Hypatia. EVA 2002

Clark, Ch: Die Schlafwandler. Pantheon 2015

Condemi, S: Der Neandertaler, unser Bruder: 300.000 Jahre Geschichte des Menschen C.H.Beck 2020

David, S.: Die Geschichte des Krieges: Vom Altertum bis heute. München 2010

Dawkins, R: Geschichten vom Ursprung des Lebens. Ullstein 2008

Dawkins, R: Das egoistische Gen. Springer 2014

De Chardin, T.: Der Mensch im Kosmos. München 1969

Deschner, K: Kriminalgeschichte des Christentums. Bd 1-10. Rowohlt 1989

Delbrück, H.: Geschichte der Kriegskunst: Das Mittelalter, Die Neuzeit, Das Altertum, Die Germanen. Hamburg 2009

Eisenstein, Ch: Klima: Eine neue Perspektive Europa Vlg 2019

Ewe, Th: Paradies unter Wasser. 19. März 2013 in: https://www.wissenschaft.de/geschichte-archaeologie/paradies-unter-wasser-2/

Feldmann, H., Westenhöfer,J.: Vergewaltigung und ihre psychischen Folgen. Stuttgart 1992.

Ferretti, V: Radiografie der kollektiven Gewalttätigkeit. FV-Vlg 2017

Fest, J.: Hitler. München 1976.

Fischer, G., Riedesser, P.: Lehrbuch der Psychotraumatologie. München 1999.

Fleck, L: Entstehung und Entwicklung einer wissenschaftlichen Tatsache. Suhrkamp 1980.

Fontbrune, J: Nostradamus: Historiker und Prophet. Zsolnay 1982

Frank, J: Der Untergang von Atlantis. Beweise für das jähe Ende einer legendären Zivilisation. Amra 2010

Frank, J: The Lost Colonies of Ancient America: A Comprehensive Guide to the Pre-Columbian Visitors Who Really Discovered America. New page books 2013

Fry, D. P., & Söderberg, P. (19.07.2013). Lethal Aggression in Mobile Forager Bands and Implications for the Origins of War. Science (2013), 341: 270-273

Gibbon, E.: Verfall und Untergang des römischen Imperiums. München 2004.

Giffhorn, H: Wurde Amerika in der Antike entdeckt? Karthager, Kelten und das Rätsel der Chachapoya. C.H.Beck 2014

Gimbutas, M: Göttinnen und Götter im Alten Europa. Arun Vlg 2010

Goldhagen, D: Hitlers willige Vollstrecker. Siedler 1997

Gunsenheimer, A. u. Schüren, U: Neue Fischer Weltgeschichte. Band 16: Amerika vor der europäischen Eroberung, Fischer 2016

Haarmann, H: Einführung in die Donauschrift. Buske 2010

Haarmann, H: Das Rätsel der Donauzivilisation: Die Entdeckung der ältesten Hochkultur Europas C.H.Beck 2017

Hancock, G: Fingerprints of the Gods: A Quest for the Beginning and the End. Heinemann 1995

Hancock, G: Unterwelt: Antike Metropolen auf dem Meeresgrund: Die geheimnisvollen Ursprünge der Zivilisation Kopp 2019

Hariri, Y: Eine kurze Geschichte der Menschheit. Pantheon 2015

Harper, K: Fatum: Das Klima und der Untergang des Römischen Reiches. C.H.Beck 2020

Heather, P.: Der Untergang des römischen Weltreichs. Reinbek 2011.

Horx, M: Das Megatrend-Prinzip. Pantheon 2014

Immerwahr, D: Das heimliche Imperium. Fischer 2019

Kelly, R: Warum es normal ist, dass die Welt untergeht - Eine kurze Geschichte von gestern und morgen. Wbg Theiss 2020

Kennedy, P: Aufstieg und Fall der großen Mächte: Ökonomischer Wandel und militärischer Konflikt von 1500 bis 2000. Fischer 1991

Kohr, L: Die überentwickelten Nationen. Goldmann 1986

Kotrschal, K: Mensch: Woher wir kommen, wer wir sind, wohin wir gehen. Brandstätter 2019

Langewiesche, D: Der gewaltsame Lehrer. Europas Kriege in der Moderne. C.H.Beck 2019

Largo, R: Zusammenleben. Fischer 2020

Lehrburger, C: Secrets of Ancient America: Archaeoastronomy and the Legacy of the Phoenicians, Celts, and Other Forgotten Explorers. Bear & company 2015

Lorenz, K: Das sogenannte Böse. Dtv 1998

Lovelock, J: Gaia, die Erde ist ein Lebewesen. Fischer Scherz 1992

Lüders, M: Wer den Wind sät. C.H.Beck 2018

Maercker, A.: Posttraumatische Belastungsstörungen. Psychologie der Extrembelastungsfolgen bei Opfern politischer Gewalt. Lengerich 1998.

Mailhammer, R. u. Vennemann, Th: The Carthaginian North: Semitic Influence on Early Germanic: A Linguistic and Cultural Study. John Benjamins Publishing Company 2019

Mann, C. e.a.: Amerika vor Kolumbus: Die Geschichte eines unentdeckten Kontinents. Rowohlt 2016

Manz, G: Roms Aufstieg zur Weltmacht: Das Zeitalter der Punischen Kriege. Springer 2017

McMenamin, M: Carthaginian Cartography: A Stylized Exergue Map. Meanma Press, 1996

Martin, P. S.: Prehistoric overkill. In: P. S. Martin, H. E. Wright, Jr. (ed.): Pleistocene Extinctions, the search for a cause. New Haven, London 1967, S. 75-120.

Martin, P. S.: Who or What Destroyed Our Mammoths? In: I. D. Agenbroad et. al. (eds.): Megafauna and Man. Hot Springs 1990, S. 109-117.

Mommsen, Th.: Römische Geschichte, Band 1. Leipzig 1932.

Müchler, G: Napoleon. Wbg Theiss 2019

Naimark, N: Genozid. Theiss 2018

Nixey, C: Heiliger Zorn. DVA 2019.

Opelt, R.: Die Kinder des Tantalus. Wien 2002.

Opelt, R.: Familienmuster. Wien 2008.

Opelt, R.: Im Schatten des Kriegers. Bochum 2010.

Opelt, R: Tantalus´Welt. CreateSpace 2016

Opelt, R: Die Legionen des Varus. CreateSpace 2017

Opelt, R: Die Unterdrückung der Frauen. Independent Publishing 2019a

Opelt, R: Das Ende des Patriarchats. Die globale Gesellschaft der Frauen. IP 2019b

Opelt, R: Protest der Jungen – Zukunft in Gefahr. IP 2019c

Opelt, R: Ganzheitsdenken – Die Weisheit der Alten. IP 2019d

Opelt, R: Gesellschaft im Gleichgewicht. IP 2019e

Opelt, R: Blutreligion. Die Sünden des Katholizismus. IP 2020a

Opelt, R: Die geheime Geschichte des Glaubens. BoD 2020b

Opelt, R: Heiles Deutschland? Geschichte, Lösungen, Zukunft. BoD 2020c

Opelt, R: Die Diktatur des Geldes. Die Lügen des Finanzkapitalismus. SAW-Verlag 2020d

Opelt, R: Besiegte Völker. Wie Krieg die Welt zerstört. SAW-Verlag 2020e

Opelt, R: Die grüne Vision. Leben im Jahr 2100. SAW-Verlag 2020f

Opelt, R: Hannibal vor Rom. Die friedliche Antike.SAW-Verlag 2020g

Oth, R.: Die wahre Geschichte der Indianer. München 1999.

Paganini, R: GAIA VERMÄCHTNIS: Einblicke in die 14 Hauptkraftorte der Erde - Ein Schlüssel zum Verständnis der Schöpfung und der Aufgaben von Mutter Erde. Evol 2014

Pahl, H: Genese, Konsolidierung und Transformation der neoklassischen Wissenschaftskultur: Zur Konturierung einer Soziologie der Wirtschaftswissenschaften. Springer 2017

Piketty, Th: Kapital und Ideologie. C.H.Beck 2020

Pinker, S: Aufklärung jetzt. Fischer 2018

Quensel, S: Hexen, Satan, Inquisition. Springer 2017

Reichholf, J.H: Evolution: Eine kurze Geschichte von Mensch und Natur. Hanser 2016

Reinhard, W: Die Unterwerfung der Welt. C.H.Beck 2018

Rinke, S: Conquistadoren und Azteken. C.H.Beck 2019

Roberts, A: Feuersturm. Eine Geschichte des 2. Weltkriegs. C.H.Beck 2019

Ruppert, F.: Trauma, Bindung und Familienstellen. Seelische Verletzungen verstehen und heilen. Stuttgart 2012

Schäfer, C: Die Botschaft der weisen Alten. Ullstein 2007

Schmöckel, R: Die Morgenröte der alten Welt. BoD 2015

Scott, J: Die Mühlen der Zivilisation. Suhrkamp 2019

Seitz, V: Afrika wird armregiert. Dtv 2018

Sheldrake, B: Das schöpferische Universum: Die Theorie des Morphogenetischen Feldes. Ullstein 2009

Strauss, C. L.: Strukturale Anthropologie. Paris 1958.

Toynbee, A.: Der Gang der Weltgeschichte. München 1970.

Uhlmann, G: Archäologie und Macht. BoD 2012

Uhlmann, G: Der Gott im 9. Monat: Vom Ende der mütterlichen Gebärfähigkeit und dem Aufstieg der männlichen Gebärmacht in den Religionen der Welt. Bok 2015

Van der Kolk, B., McFarlane, A. C., Weisaeth, L. (ed.): Traumatic Stress. The effects of overwhelming experience on mind, body and society. New York 1996.

Volkan, V: Killing in the Name of Identity: A Study of Bloody Conflicts. Pitchstone Publishing 2006

Van Kampenhout, D: Die Tränen der Ahnen: Opfer und Täter in der kollektiven Seele. Carl Auer VLG 2010

Weisman, A: Die Welt ohne uns. Piper 2009

v. Werlhof, C: Die Verkehrung. Promedia 2011

Winegard, T: Die Mücke: Das gefährlichste Tier der Welt und die Geschichte der Menschheit Terra Mater 2020

Winkler, H: Werte und Mächte. C.H.Beck 2019

Wolf, D: Das wunderbare Vermächtnis der Steinzeit. BoD 2017

Wolf, D: Es reicht. 5000 Jahre Patriarchat sind genug. DEWE 2019

Wrangham, R: Die Zähmung des Menschen: Warum Gewalt uns friedlicher gemacht hat - Eine neue Geschichte der Menschwerdung. DVA 2019

Wunn, I: Götter-Gene-Genesis. Springer 2014

Wunn, I: Barbaren, Geister, Gotteskrieger. Springer 2017

Zink, D: Von Atlantis zu den Sternen. Das Bimini- Rätsel. Bertelsmann 1989

Uys, J: Die Götter müssen verrückt sein. DVD 1980

Weiterlesen ?

Hier einige Bücher des SAW Verlages.

Tantalus' Welt:

Warum gibt es Kriege? Gehört Gewalt zum Wesen des Menschen? Lässt sich seelisches Leid auf Krieg und Gewalt zurückführen? Die Erfahrung extremer Gewalt prägt das Nationalbewusstsein. Gleich ob Siege oder Niederlagen, die stärksten kriegerischen Ereignisse ihrer Vergangenheit erklären, wie eine Nation beschaffen ist – optimistisch oder pessimistisch, defensiv oder offensiv. Für immer neue Anläufe zur Macht ist Krieg das probate Mittel. Die brutalsten Krieger sind die Helden jeder Nationalgeschichte.

Langsam dämmert uns, dass wir auf einem zu eng gewordenen Planeten uns Kriege nicht mehr leisten können. Doch immer noch hinterlassen Granaten und Gewehre üblen Nachhall in den Seelen der Menschen. Die Verleugnung des Schadens durch Männer, die Kriege wollen und nutzen, verankert Gewalt in den Seelen und führt zum tödlichen Kreislauf, der sich Generation für Generation wiederholt. Nationale Katastrophen wie der erste Weltkrieg, die russische Revolution oder der chinesische Bürgerkrieg traumatisieren ganze Nationen und schädigen ihre Strukturen. Dann liegen nationale Traumata vor, die nur in langen Friedenszeiten verarbeitet werden können. Wenn also die Welt nicht in Krieg und Zerstörung untergehen soll, dann müssen wir die nationalen Traumata überwinden und den Kreislauf der Gewalt durch gute globale Strukturen ersetzen. Von solchen Lösungen handelt dieses Buch. Wir alle haben es in der Hand, ob die Apokalypse oder eine lebenswerte Welt unsere Zukunft sein wird.

Die Diktatur des Geldes

In der Welt dreht sich alles um Geld. Der Fortschritt macht angeblich alle reich. Es werden aber nur wenige reich, während Artensterben, Klimaerwärmung, Vergiftung, Wüstenbildung und soziale Disruption die Welt gefährden.

Die Diktatur des Geldes
Die Lügen des Finanzkapitalismus

Das Märchen vom Markt ist gut gelogen. Effizient ist nur die Zerstörung des Lebens, des Klimas und bald auch der Menschheit. Die Nationalökonomie bildet die Realität nicht ab, untermauert nur die Gier der Reichen. Immer weniger Menschen sind bereit zu leiden, weil einige Gierschlünde uns ins Chaos stürzen. Es ist Zeit, dass wir uns aus den Fesseln der kapitalistischen Manipulation befreien.

Das Glück der Kinder:

Wer möchte nicht in einer glücklichen Familie leben? Viele betrachten die Familie als das Wichtigste im Leben. Von ihr wird erwartet, dass sie geprägt ist von liebevollem Umgang miteinander. Den heranwachsenden Kindern soll die Familie Schutz, Geborgenheit und Sicherheit bieten.

Doch die Familie ist nicht ohne weiteres eine heile Welt. Das Miteinander muss gepflegt und Konflikte müssen gelöst werden. Die Erziehung der Kinder braucht Zeit, starke Nerven und Geduld. Um diesen Anforderungen gerecht zu werden, muss man wissen, worauf man achten soll und was glückliche Beziehungen in den Familien fördert.

Hannibal vor Rom

Was wäre geschehen, wenn Hannibal 216 vZ Rom belagert und erobert hätte? Die Römer hätten die karthagische Händlerkultur nicht ausradiert und die Weltgeschichte wäre völlig anders verlaufen. Wenn Hannibal gewonnen hätte, wäre Rom auf eine Mittelmacht beschränkt worden, die Karthager hätten alle Seerouten beherrscht, Amerika entdeckt und den indischen Ozean befahren. Schon vor 2000 Jahren hätte es weltweiten Handel gegeben, durch Karthager, Inder, Chinesen und Polynesier.

Das Ende des Patriarchats

Mächtige Männer haben die Natur zerstört und hören
damit nicht auf. Sie holzen die Dschungel ab,
vernichten die alten Völker, das Klima, die Fische, das
Meer. Wir Männer sind nicht Manns genug, sie zu
stoppen. Wir haben es mit Revolutionen und Kämpfen
versucht, aber das nutzte nichts. Kämpfe spielten den
Militärs in die Hände, sie zeigten uns, wo der Hammer
hängt und wie man Protest mit Gewalt pervertiert.
Das Patriarchat und die von ihr abhängige Wissenschaft reduzieren die Welt
auf Macht und Geld und richten die Erde zugrunde. Bis wir aus unserer
patriarchalen Gehirnwäsche erwacht sind, sollten wir auf die Frauen hören.
Die sind der Erde und dem Leben von jeher näher als wir Männer. Sie wissen,
wie man Kinder liebt und das Leben nährt. Sie wurden verfolgt und verachtet,
weil sie schon immer das Ganze sehen und spüren, was Sinn macht und was
nicht. Mit der Weisheit der Frauen kommen Natur, Liebe, Schönheit und
Frieden zurück und kommt alles ins Lot.

Ganzheitsdenken:

Seit es Menschen gibt, sind die überlebenden Alten
Vorbilder und Hüter der Tradition. Sie erkennen
Zusammenhänge, die den Jungen noch fremd sind.
Wenn bald in vielen Ländern die Alten die Mehrheit
stellen, dann zeigt dies eines: Die Menschheit braucht
mehr Denken in Zusammenhängen, um die immer
komplexere Welt zu verstehen. Die Wissenschaften
haben so viel Detailwissen produziert, dass wir den
Überblick verloren haben. Mit diesem gespaltenen Denken richten wir die
Welt zugrunde. Die Altvorderen aller Kulturen waren nicht so altmodisch, wie
sie von der Moderne hingestellt werden. Weisheitslehrer dachten
ganzheitlich und hatten Antworten, die wir heute wieder hören sollten. Um
die Welt zu retten, brauchen wir eine Fusion von Ganzheits- und
Detailwissen, von Vergangenheit und Zukunft, von Herausforderung und
Lösung.

Die Legionen des Varus:

Das römische Reich schlug viele erfolgreiche Schlachten. Auf der Höhe des Ruhms erlitt es ein Fiasko, das den Mythos der deutschen Nation begründen half. Die Legionen des Varus bestimmten das Schicksal Europas. Dieses Buch besteht aus zwei Teilen.

Teil 1 entspricht der Fantasie des Autors und beschreibt den fiktiven Sieg des Varus. Welcher das Schicksal Europas gänzlich anders hätte bestimmen können.

Teil 2 entspricht dem in den Annalen beschriebenen Verlauf der Ereignisse nach Varus tatsächlicher Niederlage.

Die Macht der schwarzen Magier:

Derzeit schwirren die Verschwörungstheorien nur so durch die sozialen Medien und ebenso heftig werden sie von den offiziellen Stellen dementiert. Wie kann man sich 9/11, den Irak-Krieg, den Brexit, die Wahl Trumps, den Sturz der österreichischen Regierung anders erklären als dass da etwas nicht mit rechten Dingen zugeht? Gibt es den „Deep State", der im Hintergrund die Strippen zieht und die Politiker wie Marionetten manipuliert, um seine Geld- und Machtinteressen durchzusetzen? Viele meinen ja, denn was in der Zeitung steht, ist schon lange nicht mehr plausibel.

Dieses Buch zeigt, wie der Deep State seit 100 Jahren agiert, Diktatoren nach Belieben einsetzt und stürzt, einen Obdachlosen zum Herrscher Europas und einen Anarchisten zum Diktator Russlands macht, Attentate organisiert, die die Welt in Flammen setzen, bis alles explodiert – bis unerwartet eine andere Macht den finsteren Plan vereitelt und uns allen das Leben rettet.

Das Schlimme daran – dieser Roman ist nur scheinbar Fantasy, er erzählt die tatsächliche Geschichte der letzten 100 Jahre, wir haben sie alle erlebt und überlebt, nur wer die Magier sind, bleibt der Fantasie überlassen, denn es kennt sie ja niemand, sie tarnen sich gut und werden nie erwischt – auch das ist die Realität unserer Zeit, die unser Leben so gefährlich macht.

Vier Wochen für Franz Ferdinand

1917 war Deutschland dabei, den 1.Weltkrieg zu gewinnen, aber das wollten die USA um jeden Preis verhindern, traten in den Krieg ein, als dieser schon entschieden war. Denn sonst wäre Amerika nicht zur größten Supermacht der Welt aufgestiegen. Der vor Eintritt der USA absehbare Sieg der Deutschen hätte schon 1918 zu einer kontinentaleuropäischen Zollunion unter deutscher Führung geführt. Also zu dem, was wir heute unter Angela Merkel haben. Der ganze Wahnsinn der 100 Jahre dazwischen war unnötig und hat die Menschheit und den Planeten an den Rand des Untergangs geführt. Deutschland hätte 1918 Europa geeint und Hitler und Stalin wären nie an die Macht gekommen. Denn entgegen ihrer Propaganda haben die USA der Welt nicht die Demokratie gebracht, sondern Kapitalismus, Oligarchie und Umweltzerstörung. Wegwerfgesellschaft und Ölindustrie haben den Treibhauseffekt erzeugt und den Nahen Osten destabilisiert. All das wäre unter den vor 100 Jahren technologisch führenden Deutschen nicht passiert, denn deutsche Wissenschaftler erfanden so vieles, dass Öl- und Atomindustrie wohl nicht die umfassende umweltzerstörende Bedeutung erhalten hätten, wenn Deutschland sich in Ruhe hätte entwickeln können.

Wie dieses Buch zeigt, hätte es nur einer Kleinigkeit bedurft, um den Lauf des 20. Jhdt. zu ändern: Wenn der österreichische Thronfolger Franz Ferdinand vier Wochen später erschossen worden wäre, hätte er seinen unfähigen Generalstabschef entlassen und damit die russische Front früher stabilisiert. Dann wäre der Krieg 1917 längst aus gewesen und das 20. Jhdt. hätte einen friedlicheren und umweltfreundlicheren Verlauf genommen.

Lassen Sie sich überraschen von den historischen Wendungen, die möglich gewesen wären, wenn die Siegermächte England und USA das 20. Jhdt. nicht derart vermasselt hätten, dass unser Planet heute am Rande des Abgrunds steht.

Heiles Deutschland

Die deutsche Geschichte, voll Höhen und Tiefen, spaltet unsere Nation. Immer noch geistert das Bild der hässlichen Deutschen durch die Welt. Ob sie zu viel oder zu wenig Geld ausgeben, sie sind die Bösen. Und jetzt noch die AfD. Schon fühlen wir uns von außen und von innen bedroht. Doch die Ächtung national gesinnter Deutscher bringt die Rechten nicht von den Straßen. Etwas läuft schief in Deutschland. Was alle für unwichtig erklären, ist der nationale Selbstwert der Deutschen, in 2000 Jahren Geschichte wieder und wieder beschädigt. Ein großer Teil der Bevölkerung empfindet, dass man uns übel mitgespielt hat.

Seit den Nazis und ihren Verbrechen haben wir schuldbewusst zu sein. Doch dies erklärt nichts und ignoriert das deutsche Trauma. Seit 2000 Jahren wurden Deutsche traumatisiert. Die Geschichte der Sieger muss durch die Sicht der Verlierer ergänzt werden, will man der Wahrheit nahekommen.

Besiegte Völker

Geschichte wird von den Siegern geschrieben. In der Schule lernen wir alles über Helden und Eroberer, hören nichts über die Verlierer, die besiegt, vergewaltig, versklavt, unterdrückt und getötet wurden. Je mehr ein Held eroberte, desto größer wurde der Schaden, den die Sieger in den eroberten Völkern anrichteten. Alexander der Große hat das größte Reich seiner Zeit zerstört, seit damals gibt es im Nahen Osten nur mehr Kriege bis zum heutigen Tag. Eroberer bringen nur Leid und der Gewalt.

Zeit, die Geschichte der Opfer zu schreiben. Die Geschichte der Besiegten, die durch Kriege nur verloren haben. Die Opfer, das sind wir alle, die große Mehrheit der Menschen. Wir sollten beginnen, uns zu wehren, denn sonst zerstören die Kriegstreiber unsere Zukunft.

Dalmatien- wie ich Anker warf und ein Haus sanierte: Eine Liebeserklärung in mehreren Ebenen.

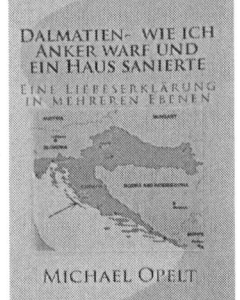

Bootfahren in der östlichen Adria. Über eineinhalb Jahre war der Autor als Skipper vornehmlich in Dalmatien unterwegs. Dann Hauskauf und Sanierung eines alten Steinhauses auf einer mittelkroatischen Insel (Dugi Otok). Kurzweilig geschrieben, viele Anektoten, mit vielen Fotos. Eine Hommage an die kroatische Inselwelt, ob mit dem Schiff befahren oder durch die Erfahrungen des Haussanierens.

Eine wichtige Lektüre für jeden, der sich mit dem Gedanken ein Haus in Kroatien zu kaufen, spielt. Auch ein Versuch der Beschreibung der „kroatischen Seele".

Familienmuster

Dieses Buch entführt uns in die Welt des Familienstellens. Warum kommen wir in bestimmten Lebensbereichen nicht weiter? Die böse Mutter, der harte Vater, die missglückte Liebe, die verlorene Kindheit, warum mussten wir darunter leiden?

Auf diese Fragen geben die Familienmuster Antwort: die Erlebnisse der Eltern und Ahnen, die sich zu Schemen und Abläufen verdichtet haben, durch die wir erzogen und geprägt worden sind. Um Experte für die eigene Persönlichkeit zu werden, muss man seine Lebensgeschichte in ihre Einzelteile zerlegen und neu zusammensetzen. Wer seine Seele gut kennt, kann Teile davon verändern und neue Lösungen entdecken.

Die Unterdrückung der Frauen

Seit 6000 Jahren sitzt die Menschheit einem Irrglauben auf, der die Menschen unglücklich macht und die Natur zerstört. Dieser falsche Glaube predigt Macht und Gewalt und diffamiert Liebe und Kooperation. Wenige mächtige Männer profitieren davon und raffen alle Ressourcen der Erde zusammen, um damit sinnlos zu protzen. Die Mächtigen und Reichen verteidigen ihre Macht mit allen Mitteln,

indem sie ihre Generäle, Manager und bezahlten Wissenschaftler an alle wichtigen Schaltstellen setzen und mit unverständlichen Theorien die Massen in die Irre führen. Wer immer sich gegen die Machtstrukturen auflehnt, wird mundtot gemacht, in die Armut gestoßen oder mit Krieg überzogen. Dem Egoismus weniger werden alle anderen geopfert: Die Frauen, die Kinder, die Tiere, die Naturvölker, die Wälder, die Meere, die Ökosysteme, das Klima und bald der ganze Planet. Nur die Weisheit der Frauen kann uns retten, uns zurück zu Harmonie und zum Frieden mit Tieren und Pflanzen führen. Weil die Mütter der Urzeit für eine friedliche Gesellschaft sorgten, werden Mütter und Frauen bis heute unterdrückt und verachtet.Wehe den Mächtigen, wenn die Frauen sich nicht mehr klein halten lassen!

Die geheime Geschichte des Glaubens

Die Welt braucht geistige Erneuerung, um aus Krisen zu finden, die durch falsche Glaubenssätze entstanden sind. Dass es der Erde nicht gut geht, die Natur stirbt, Frauen, Kinder, Arme ausgebeutet, Tiere gefoltert, Vermögen in Kriegen verschleudert werden, zeigt ein eklatantes Versagen der alten Vorstellungen.

Große Religionen haben 2500 Jahre lang die Menschheit missioniert und ihre Dogmen durchgesetzt. Zeit genug, um den Effekt ihrer Prämissen zu bewerten. Die derzeitigen Kirchenstrukturen sind nicht alternativlos: Die spirituellen Erfahrungen der Menschheit sind unendlich vielfältig und reich. Mächtige Patriarchen haben die Wahrheit reduziert, geistige Schätze in den Untergrund gedrängt. Für den, der sein Herz öffnet, ist die spirituelle Geschichte der Menschheit voller Wunder, die es wiederzufinden gilt.

PProtest der Jungen:

Die Älteren hinterlassen ihren Kindern und Kindeskindern ein schweres Erbe, in Sachen Rente, Staatsverschuldung, Ökologie, Bildung, Wohnen und Arbeitsmarkt. Nun ist der Aufstand da. Greta Thunberg und die demonstrierenden Schüler treiben die säumige Politik vor sich her. Die Natur zerbröselt vor ihren Augen, Insekten, Biotope, heile Landschaft, gesundes Klima – alles wird es nicht mehr geben, wenn sie einmal die Verantwortung tragen werden. Sie dürfen hohe Pensionszahlungen leisten, werden aber nie eine Pension erhalten oder erst. Ein Korruptionsskandal jagt den nächsten, die Mächtigen bereichern sich hemmungslos und dass für die Jungen nichts mehr übrigbleibt, wen kümmert das?

Sie haben die Nase voll und zeigen das auch. Sie werden nicht aufhören zu demonstrieren, bis man sie ernst nimmt. Sie haben begonnen, sich um die Zukunft zu kümmern, damit sie noch eine haben.

Medizin ohne Seele:

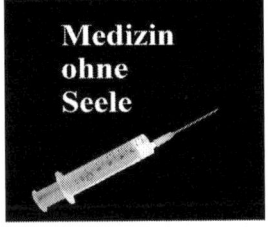

Wie man Chronisch Kranke
züchtet

Rüdiger Opelt

Medizin wird teurer, trotzdem werden wir kränker. Gesundheit ist ein Riesengeschäft geworden. Geld verleiht Macht und Macht prägt Mythen, die den Fluss des Geldes sicherstellen sollen. Mit der Ärztekammer legt man sich besser nicht an und mit Pharma-Firmen schon gar nicht, die können sehr grantig werden, wenn ihre Gewinne in Gefahr sind. Obwohl die Macht der Ärzte steigt, steigt ihr Ansehen nicht im gleichen Maße. Patientenanwälte schießen wie Schwammerl aus dem Boden, chronisch Kranke klagen Operationspfusch ein, Demoskopen behaupten, der Anstieg der Lebenserwartung korreliere nicht mit der medizinischen Versorgung, sondern nur mit dem psychosozialen Wohlstand.

Blutreligion:

Es ist die Religion des Blutes. Das Blut Christi. Das Blut der Märtyrer. Das Blut der Opfer kirchlicher Intoleranz. Das Blut der Hexen auf den Scheiterhaufen.

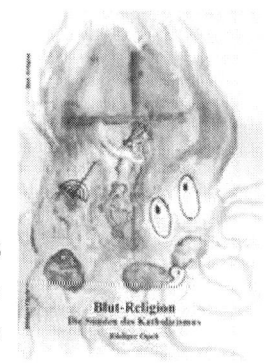

Jesu echte Worte berühren. Doch Jesus wollte weder zum Gott erklärt werden noch ein Reich auf dieser Welt errichten. Die katholische Kirche hat in 2000 Jahren eine unheimliche Macht aufgebaut, von der sie nicht lassen kann. Lesen Sie mehr über die kritischen Fakten der Kirchengeschichte, die einen Neubeginn dringend erforderlich machen.

Warum Männer Glatzen haben und Frauen Haarausfall…: …und was man dagegen tun kann

Keine Angst, dies ist keine Werbung für Haarwuchsmittel und keine Aufforderung zur Haartransplantation. Mit solchem Humbug werden Sie in diesem Buch nicht belästigt. Denn, obwohl hunderte Experten seit Jahrhunderten unzählige Wundermittel anpreisen – was gut ist für deren Lebensunterhalt, aber völlig nutzlos für die verzweifelten Glatzenträger – hat die Medizin bis heute weder eine Erklärung für die Glatzenbildung noch ein wirksames Mittel dagegen gefunden, allen Anpreisungen, Forschungsmitteln und teuren Instituten zum Trotz. Dr. Rüdiger Opelt beleuchtet das Thema Glatze von allen erdenklichen Seiten. Das Buch enthält viele Informationen die Ihnen helfen Ihre Haar zu behalten oder trotz Glatze zufrieden zu sein. Das Buch ist informativ, einfach zu lesen und sehr unterhaltsam. Es eignet sich natürlich auch hervorragend als Geschenk für runde Geburtstage oder als Hilfe zur Selbsthilfe.

Biografie

Dr. Rüdiger Opelt   Psychologe, Geschichtsforscher, Autor

geboren 1953 in Linz

Der Autor erforschte 40 Jahre lang als Psychologe, was Menschen psychosomatisch krank und leidend macht. Er fand die Ursache unserer psychischen Probleme in den Fehlern der Vergangenheit, in Krieg, Gewalt, in Leid und Einsamkeit. Diese These hat er in mehreren Büchern ausgearbeitet. (Die Kinder des Tantalus, Familienmuster, Tantalus´ Welt, Amors vergiftete Pfeile, Das Glück der Kinder, Kinder- Jugend- und Familienpsychologie).

Seit Jahren durchforstet er die Literatur der Sozial- und Naturwissenschaften, um herauszufinden, was in unserer globalen Gesellschaft schiefläuft, in der Überzeugung, dass die Erfindungen der Spezialisten durch das Querdenken der Generalisten ergänzt werden müssen, um den globalen Menschheitstanker in eine bessere Richtung zu lenken. In mehreren Büchern hat er aufgezeigt, dass die Vergangenheit bei Vorhandensein einer Generalisten-Wissenschaft ganz anders verlaufen wäre. In „Die Legionen des Varus" zeigt er, wie Antike und Mittelalter friedlicher hätten verlaufen können, in „Vier Wochen für Franz Ferdinand" zeichnet er eine alternative Geschichte des 20. Jhdt., „Die Macht der schwarzen Magier" bietet alternative Erklärungen für die Ereignisse der letzten 100 Jahre, „Hannibal vor Rom" beschreibt eine von Phönizien beeinflusste Antike.

„Blutreligion" zeigt den destruktiven Einfluss des Papsttums auf die Geschichte Europas, jenseits aller kirchlichen Schönfärberei, „Die geheime Geschichte des Glaubens" relativiert die Prämissen der Hochreligionen anhand aller Glaubenssysteme aus Vergangenheit und Gegenwart.

In anderen Publikationen entwirft Opelt Lösungen für eine neue Welt, die ökologisch, friedlich, egalitär und ganzheitlich sein, das Wissen der Frauen gleichberechtigt in die Weltsicht einbeziehen und zu einem radikalen Umdenken in allen Wissenschaften führen wird. (Die grüne Vision, 2100 - Die neue Welt, Die Unterdrückung der Frauen, Das Ende des Patriarchats, Ganzheitsdenken, Gesellschaft im Gleichgewicht, Protest der Jungen, Die Diktatur des Geldes, Heiles Deutschland).

Rüdiger Opelt lebt in der Nähe von Salzburg, ist seit 34 Jahren verheiratet, hat zwei erwachsene Kinder, veröffentlichte bisher 33 Bücher, 7 wurden ins Englische übersetzt.

www.opelt.com,

r@opelt.com,

https://www.facebook.com/ruediger.opelt

Printed in Poland
by Amazon Fulfillment
Poland Sp. z o.o., Wrocław

62984939R00116